2025 中财传媒版
年度全国会计专业技术资格考试辅导系列丛书·注定会赢®

经济法
全真模拟试题

财政部中国财经出版传媒集团　组织编写

中国财经出版传媒集团
经济科学出版社
·北京·

图书在版编目（CIP）数据

经济法全真模拟试题／财政部中国财经出版传媒集
团组织编写 . -- 北京 ： 经济科学出版社，2025.4.
（中财传媒版 2025 年度全国会计专业技术资格考试辅导系
列丛书）. -- ISBN 978 - 7 - 5218 - 6777 - 0

Ⅰ. D922.290.4

中国国家版本馆 CIP 数据核字第 2025FJ4526 号

责任编辑：王淑婉　王立辉
责任校对：王京宁
责任印制：张佳裕

经济法全真模拟试题
JINGJIFA QUANZHEN MONI SHITI
财政部中国财经出版传媒集团　组织编写
经济科学出版社出版、发行　新华书店经销
社址：北京市海淀区阜成路甲 28 号　邮编：100142
总编部电话：010 - 88191217　发行部电话：010 - 88191522
天猫网店：经济科学出版社旗舰店
网址：http：//jjkxcbs. tmall. com
北京鑫海金澳胶印有限公司印装
787 ×1092　16 开　11.5 印张　250000 字
2025 年 4 月第 1 版　2025 年 4 月第 1 次印刷
ISBN 978 - 7 - 5218 - 6777 - 0　定价：38.00 元
（图书出现印装问题，本社负责调换。电话：010 - 88191545）
（打击盗版举报热线：010 - 88191661，QQ：2242791300）

前　言

2025 年度全国会计专业技术中级资格考试大纲已经公布，辅导教材也已正式出版发行。与 2024 年度相比，新考试大纲及辅导教材的内容都有所变化。为了帮助考生准确理解和掌握新大纲和新教材的内容、顺利通过考试，中国财经出版传媒集团本着为广大考生服务的态度，严格按照新大纲和新教材内容，组织编写了中财传媒版 2025 年度全国会计专业技术资格考试辅导"注定会赢"系列丛书。

该系列丛书包含 3 个子系列，共 9 本图书，具有重点把握精准、难点分析到位、题型题量丰富、模拟演练逼真等特点。本书属于"全真模拟试题"子系列，每本书包括 8 套试题，其题型、题量及难易程度均依照 2024 年度全国会计专业技术中级资格考试真题设计，每套试题附有参考答案和解析，帮助考生增强应考冲刺能力。

中国财经出版传媒集团旗下"中财云知"App 为购买本书的考生提供线上增值服务。考生使用微信扫描封面下方的防伪码并激活下载 App 后，可免费享有题库练习、学习答疑、每日一练等增值服务。

全国会计专业技术资格考试是我国评价选拔会计人才、促进会计人员成长的重要渠道，是中国式现代化人才战略的重要组成部分。希望广大考生在认真学习教材内容的基础上，结合本丛书准确理解和全面掌握应试知识点内容，顺利通过 2025 年会计资格考试，在会计事业发展中不断取得更大进步，为中国式现代化建设贡献更多力量！

书中如有疏漏和不当之处，敬请批评指正。

财政部中国财经出版传媒集团

2025 年 4 月

目 录

2025 年度中级会计资格
《经济法》全真模拟试题（一）

一、单项选择题 （本类题共 30 小题，每小题 1 分，共 30 分。每小题备选答案中，只有一个符合题意的正确答案。错选、不选均不得分）

1. 李某和张某为担保借款签订了一份抵押合同。根据法律行为的分类，该抵押合同属于（　　）。
   A. 从法律行为
   B. 单方法律行为
   C. 主法律行为
   D. 非要式法律行为

2. 11 周岁的张某未事先征得法定代理人的同意，将其 3 000 元的学习机赠送给同学李某。该赠与的效力为（　　）。
   A. 可撤销　　　　B. 有效　　　　C. 无效　　　　D. 效力待定

3. 根据民事法律制度的规定，下列代理行为中，有效的是（　　）。
   A. 郑某受王某委托代为收养子女
   B. 赵某受钱某委托代为订立遗嘱
   C. 周某受吴某委托代为婚姻登记
   D. 孙某受李某委托代为租赁房屋

4. 根据行政复议法律制度的规定，一般情况下，行政复议的申请期限为（　　）日。
   A. 15　　　　B. 20　　　　C. 30　　　　D. 60

5. 根据《行政复议法》的规定，下列各项中，属于行政复议范围的是（　　）。
   A. 李某对市场监督管理机构为自己与商家争议的调解不服
   B. 李某对行政机关关于自身职务的任免决定不服
   C. 李某认为某公安局对其罚款的处罚决定违法
   D. 李某对行政机关作出限制自己人身自由决定所依据的行政法规不服

6. 根据公司法律制度的规定，下列关于公司歇业的表述中，不正确的是（　　）。
   A. 因自然灾害、事故灾难、公共卫生事件、社会安全事件等原因造成经营困难的，公司原则上可以自主决定在一定时期内歇业
   B. 公司办理歇业备案的，登记机关应当及时共享相关信息

C. 公司歇业的期限最长不得超过 5 年

D. 公司歇业期间，可以以法律文书送达地址代替住所

7. 根据公司法律制度的规定，下列关于股东资格的表述中，不正确的是（　　）。

A. 国家公务员允许成为上市公司的股东

B. 除担任发起人以外，股东不需要有民事行为能力

C. 机关法人一律不能担任公司股东

D. 公司原则上不能成为自己的股东

8. 王某是甲公司的实际控制人，因向银行借款请求甲公司为其提供担保，有关甲公司为王某提供担保的下列说法中，正确的是（　　）。

A. 甲公司不得为王某提供担保，因为法律禁止公司为其股东提供担保

B. 甲公司能否为王某提供担保取决于公司章程的规定

C. 甲公司为王某提供担保应当经股东会决议，王某不得参加表决，该项决议由除王某以外的股东所持表决权的 2/3 以上通过

D. 甲公司为王某提供担保应当经股东会决议，王某不得参加表决，该项决议由除王某以外的股东所持表决权的过半数通过

9. 下列关于普通合伙企业设立条件的表述中，不符合合伙企业法律制度规定的是（　　）。

A. 合伙人可以用知识产权出资

B. 合伙协议经全体合伙人签名、盖章后生效

C. 合伙人可以是公益性的事业单位

D. 合伙协议中应载明合伙人以劳务出资时由全体合伙人协商确定的评估办法

10. 甲普通合伙企业全体合伙人张某、李某、赵某决定，委托张某和李某负责执行合伙事务。合伙协议对合伙事务执行的决议办法未作特别约定。根据合伙企业法律制度的规定，下列关于合伙事务执行的表述中，正确的是（　　）。

A. 张某和李某可以共同决定处分合伙企业的不动产

B. 执行合伙事务产生的费用和亏损由张某和李某承担

C. 张某不可以对李某执行的事务提出异议

D. 赵某有权监督合伙事务的执行情况

11. 甲、乙、丙、丁、戊共同出资设立一个有限合伙企业，甲、乙、丙为普通合伙人，丁、戊为有限合伙人。执行事务合伙人甲提议接收庚为新普通合伙人，乙、丙反对，丁、戊同意。合伙协议对新合伙人入伙的表决方法未作约定。根据合伙企业法律制度的规定，下列表述中，正确的是（　　）。

A. 庚可以入伙，因甲作为执行事务合伙人有权自行决定接收新合伙人

B. 庚可以入伙，因全体合伙人过半数同意

C. 庚不得入伙，因丁、戊作为有限合伙人无表决权，而反对庚入伙的普通合伙人占全体普通合伙人的 2/3

D. 庚不得入伙，因未得到全体合伙人一致同意

12. 甲、乙、丙拟设立一有限合伙企业。甲为普通合伙人，乙、丙为有限合伙人。下列合伙协议内容中，符合合伙企业法律制度规定的是（　　）。

    A. 乙以劳务作价 20 万元出资

    B. 甲以其出资金额的两倍为限对合伙债务承担责任

    C. 丙不得将其在合伙企业中的财产份额出质

    D. 丙是合伙事务执行人

13. 根据物权法律制度的规定，下列关于物的种类表述中，正确的是（　　）。

    A. 林木属于不动产

    B. 一堆大米属于不可分物

    C. 机器和维修工具属于原物与孳息关系

    D. 长在树上的果实属于天然孳息

14. 刘某想要购买邻居王某的自行车，王某说"车可以便宜点卖给你，但你得借我再用一段时间"，刘某同意并向王某付清了购车款。根据物权法律制度的规定，下列说法中正确的是（　　）。

    A. 刘某尚未取得该自行车的所有权

    B. 刘某通过占有改定的方式，已经取得该自行车的所有权

    C. 刘某通过简易交付的方式，已经取得该自行车的所有权

    D. 刘某通过指示交付的方式，已经取得该自行车的所有权

15. 陈某与其所属的甲集体经济组织拟就该集体所有的一块林地签订土地承包经营权合同，拟定的下列条款中，符合物权法律规定的是（　　）。

    A. 陈某可以将该林地用于旅游度假村的建设

    B. 陈某可以向甲集体经济组织以外的人员转让土地承包经营权

    C. 该林地的承包期为 70 年

    D. 该林地的土地承包经营权自登记时生效

16. 根据物权法律制度的规定，添附，包括附合、混合、加工。下列各项中，属于附合的是（　　）。

    A. 在他人画布上作画

    B. 错用他人油漆粉刷桌子

    C. 错拿他人车辆备胎换到自己车子上

    D. 错将别人的大米倒入自己的米仓

17. 根据物权法律制度的规定，下列权利中，可以设立权利质权的是（　　）。

    A. 土地承包经营权   B. 高速公路收费权

    C. 建设用地使用权   D. 作品的署名权

18. 下列各项中，属于实践合同的是（　　）。

    A. 租赁合同   B. 借款合同   C. 买卖合同   D. 定金合同

19. 下列各项中，属于《民法典》合同编调整范围的是（　　）。

    A. 陈某与张某签订的收养协议

  B. 赵某与乙公司签订的租赁合同

  C. 王某与钱某签订的子女监护权协议

  D. 甲公司与李某签订的劳动合同

20. 甲向乙购买 5 吨香蕉，双方签订书面合同，约定 2 个月后交货。合同签订 1 个月后，乙电话告知甲，已将家中果园全部出售，自己也已转行做餐饮，无法履行合同。根据《民法典》的规定，下列表述中，正确的是（ ）。

  A. 甲有权解除合同，并要求乙赔偿损失

  B. 甲有权主张合同无效，并要求乙承担缔约过失责任

  C. 甲有权撤销合同，并要求乙承担缔约过失责任

  D. 因为合同履行期限未到，甲应当到 2 个月后履行期届满才能解除合同

21. 甲对乙的债务清偿期已届满却未履行，乙欲就甲对他人享有的债权提起代位权诉讼，根据《民法典》的规定，甲享有的下列债权中，乙可代位行使的是（ ）。

  A. 抚恤金请求权   B. 劳动报酬请求权

  C. 人身伤害赔偿请求权   D. 财产损害赔偿请求权

22. 下列票据在出票时记载的情形中，会导致汇票无效的是（ ）。

  A. 丙公司出票时未记载付款地

  B. 乙公司出票时未记载付款日期

  C. 丁公司出票时记载禁止背书转让

  D. 甲公司出票时记载验收合格后付款

23. 根据票据法律制度的规定，持票人对本票出票人的追索权，应当在一定期间内行使，该期间是（ ）。

  A. 自出票日起 3 年   B. 自出票日起 6 个月

  C. 自出票日起 1 年   D. 自出票日起 2 年

24. 发行人因欺诈发行、虚假陈述或者其他重大违法行为给投资者造成损失的，发行人的控股股东、实际控制人、相关的证券公司可以委托特定主体，就赔偿事宜与受到损失的投资者达成协议，予以先行赔付。根据证券法律制度的规定，可以委托的主体是（ ）。

  A. 投资者保护机构   B. 中国证监会

  C. 国务院证券监督管理机构 D. 证券交易所

25. 根据保险法律制度的规定，下列关于保险合同特征的表述中，不正确的是（ ）。

  A. 保险合同是格式合同   B. 保险合同是实践合同

  C. 保险合同是双务有偿合同 D. 保险合同是射幸合同

26. 根据预算法律制度的规定，一般公共预算按照其功能分类，其支出不包括（ ）。

  A. 农业、环境保护支出   B. 教育支出

  C. 商品和服务支出   D. 国防支出

27. 根据预算法律制度的规定，关于预算的基本原则，下列说法中，正确的是（　　）。

　　A. 经人民代表大会批准的预算，不得调整

　　B. "政府的全部收入和支出都应当纳入预算"体现了预算完整的原则

　　C. 县级人民代表大会批准的预算调整应当在批准后 15 日内由本级政府财政部门向社会公开

　　D. 经本级政府财政部门批复的部门预算、决算及报表，应当在批复后 15 日内由各部门向社会公开

28. 甲公司为国有独资公司，根据企业国有资产法律制度的规定，下列人员中，不属于甲公司关联方的是（　　）。

　　A. 甲公司的副经理

　　B. 甲公司的财务负责人

　　C. 甲公司经理的大学同学李某

　　D. 甲公司董事所有的乙公司

29. 根据政府采购法律制度的规定，政府采购文件从采购结束之日起至少保存（　　）年。

　　A. 10　　　　　　　　B. 15　　　　　　　　C. 20　　　　　　　　D. 25

30. 根据政府采购法律制度的规定，下列关于政府采购合同的表述中，正确的是（　　）。

　　A. 履约保证金的数额可以为政府采购合同金额的 15%

　　B. 经采购人同意，中标、成交供应商可以依法采取分包方式履行合同

　　C. 政府采购合同中涉及国家秘密的内容经批准后可以在媒体上公告

　　D. 小额政府采购合同签订后，采购人自签订之日起 5 个工作日内向有关部门备案

二、多项选择题（本类题共 15 小题，每小题 2 分，共 30 分。每小题备选答案中，有两个或两个以上符合题意的正确答案。请至少选择两个答案，全部选对得满分，少选得相应分值，多选、错选、不选均不得分）

1. 根据民事法律制度的规定，下列各项中，属于诉讼时效中断事由的有（　　）。

　　A. 债权人发送催收信件到达债务人

　　B. 债务人向债权人请求延期履行

　　C. 债权人申请诉前财产保全

　　D. 债务人向债权人承诺提供担保

2. 根据民事法律制度的规定，下列法律行为中，属于附期限的法律行为的有（　　）。

　　A. 李某承诺 2025 年 10 月 1 日赠与周某一台电脑

　　B. 赵某承诺在其去世后将生前收藏的一幅名画赠与刘某

    C. 孙某和王某订立赠与合同，约定合同自签订之日起 1 个月后生效

    D. 赵某承诺如果王某考上研究生，则赠与王某一部手机

3. 根据公司法律制度的规定，下列情形中，公司可以收购本公司股份的有（　　）。

    A. 减少公司注册资本

    B. 与持有本公司股份的其他公司合并

    C. 上市公司为维护公司价值及股东权益所必需

    D. 将股份用于转换公司发行的可转换为股票的公司债券

4. 根据公司法律制度的规定，下列人员中，可以担任公司法定代表人的有（　　）。

    A. 赵某，刚过完 12 周岁生日

    B. 钱某，因贪污被判处刑罚，执行期已满 6 年

    C. 孙某，个人所负数额较大的债务到期未清偿被人民法院列为失信被执行人

    D. 李某，担任破产清算的公司的董事，对该公司的破产无个人责任

5. 下列各项中，属于合伙企业财产的有（　　）。

    A. 合伙人甲缴纳的机器设备

    B. 合伙企业借用合伙人乙的汽车

    C. 合伙企业对丙公司的债权

    D. 合伙企业合法接受慈善家丁的捐赠

6. A 普通合伙企业（以下简称 A 企业）的合伙人张三拟以其在 A 企业中的财产份额出质，合伙协议对合伙人财产份额出质事项未作特别约定。下列关于张三财产份额出质的表述中，正确的有（　　）。

    A. 张三因出质行为无效给善意第三人造成损失的，张三应承担赔偿责任

    B. 张三以其在 A 企业中的财产份额出质，通知其他合伙人即可

    C. 张三以其在 A 企业中的财产份额出质，须经其他合伙人一致同意

    D. 张三以其在 A 企业中的财产价额出质，经其他合伙人过半数同意即可

7. 甲公司开发写字楼一栋，将其中一层卖给了乙，约定半年后交房，乙公司办理了预告登记。后来甲公司急需用钱，将该层楼抵押给银行，根据物权法律制度的规定，下列说法中，正确的有（　　）。

    A. 抵押权设立

    B. 抵押权不设立

    C. 若甲公司将写字楼直接卖给银行，则银行取得写字楼所有权

    D. 若甲公司将写字楼直接卖给银行，则银行未取得写字楼所有权

8. 2025 年 1 月 1 日，小张、小王签订了一份车辆买卖合同。双方约定如下：1 月 10 日小王付款给小张，1 月 20 日小张将汽车交付给小王，1 月 30 日双方去办理过户手续。1 月 25 日，小张又向小赵借款，将该车抵押给不知情的小赵，并办理了抵押登记。后因小张无法偿还借款，小赵欲行使抵押权。根据物权法律制度的规定，下列说法中，正确的有（　　）。

    A. 因车辆办理了抵押登记，故小张、小王之间的合同不成立

B. 汽车的所有权已于 1 月 20 日发生转移

C. 小赵可主张抵押权

D. 因车辆已经交付给小王，小赵不得主张抵押权

9. 甲、乙双方订立试用买卖合同，试用买卖的买受人在试用期内的下列行为中，人民法院可以认定其同意购买该标的物的有（　　）。

A. 买受人在试用期内支付一定价款

B. 买受人将标的物出卖

C. 买受人将标的物出租

D. 买受人将标的物设定担保物权

10. 甲为庆祝好友乙 60 岁生日，拟赠与其古董瓷瓶一只。但双方约定，瓷瓶交付之后，甲可以随时借用该瓷瓶。根据合同法律制度的规定，下列各项中，正确的有（　　）。

A. 瓷瓶交付乙前，若甲的经济状况显著恶化，严重影响其生活，可不再履行赠与义务

B. 瓷瓶交付乙后，若甲请求借用时被乙拒绝，甲可以撤销赠与

C. 瓷瓶交付乙后，若被鉴定为赝品，乙有权以欺诈为由撤销赠与

D. 瓷瓶交付乙前，甲不得撤销赠与

11. 根据合同法律制度的规定，下列情形中，属于发出要约邀请的有（　　）。

A. 甲公司向多家公司寄送价目表

B. 乙公司通过网站发布招标公告

C. 丙公司在其运营中的咖啡自动售货机上载明"每杯一元（每次只做一杯咖啡）"

D. 丁公司向社会公众发布招股说明书

12. 根据票据法律制度规定，下列关于支票出票的表述中，正确的有（　　）。

A. 支票上的金额可以由出票人授权补记

B. 出票人不得在支票上记载自己为收款人

C. 支票上记载付款日期的，该记载无效

D. 未记载出票人签章的，无效

13. 根据证券法律制度规定，下列关于公司债券受托管理人的表述中，正确的有（　　）。

A. 债券持有人会议可以决议变更债券受托管理人

B. 债券发行人未能按期兑付债券本息的，债券受托管理人可以接受全部债券持有人的委托，以自己的名义代表债券持有人提起诉讼

C. 公开发行公司债券的，发行人应当为债券持有人聘请债券受托管理人，并订立债券受托管理协议

D. 受托管理人应当由本次发行的承销机构或者其他经国务院证券监督管理机构认可的机构担任

14. 根据国有资产管理法律制度的规定，下列主体中，其主要负责人应当接受任期

经济责任审计的有（　　）。

　　A. 国有独资企业　　　　　　　　B. 国有独资公司

　　C. 国有资本控股公司　　　　　　D. 国有资本参股公司

15. 根据政府采购法律制度的规定，下列关于政府采购合同的表述中，正确的有（　　）。

　　A. 采购人与中标、成交供应商签订的政府采购合同具有法律效力

　　B. 采购人不得委托采购代理机构代表其与供应商签订政府采购合同

　　C. 政府采购合同适用合同法律制度

　　D. 政府采购合同应当采用书面形式

三、判断题（本类题共 10 小题，每小题 1 分，共 10 分。请判断每小题的表述是否正确。每小题答题正确的得 1 分，错答、不答均不得分，也不扣分）

1. 法律行为所附期限只能是确定的期限。（　　）

2. 人民法院审理行政案件，不得调解，不得以调解方式结案，但行政赔偿、补偿以及行政机关行使法律、法规规定的自由裁量权的案件除外。（　　）

3. 甲股东持有某股份有限公司全部股东表决权的 15%。甲股东以该公司被吊销营业执照未进行清算为由，向人民法院提起解散公司的诉讼，人民法院应予受理。（　　）

4. 《合伙企业法》赋予了合伙人对事务执行提出异议的权利，合伙人分别执行合伙事务的，执行事务合伙人可以对其他合伙人执行的事务提出异议。提出异议时，应当终止该项事务的执行。（　　）

5. 甲、乙签订合同规定甲对乙所有的房屋享有居住权，则居住权自合同生效时设立。（　　）

6. 当事人仅以建设用地使用权抵押，债权人主张抵押权的效力及于正在建造的建筑物的续建部分以及新增建筑物的，人民法院应予支持。（　　）

7. 租赁物危及承租人的安全或者健康的，即使承租人订立合同时明知该租赁物质量不合格，承租人仍然可以随时解除合同。（　　）

8. 银行本票是见票即付票据，提示付款期限自出票日最长不超过 2 个月。（　　）

9. 根据保险法律制度损失补偿原则，财产保险合同的被保险人遭受约定的保险危险，但未有损失的，被保险人无权要求保险人给予赔偿。（　　）

10. 邀请招标是采购人依法以招标公告的方式邀请不特定的供应商参加投标的采购方式。（　　）

四、简答题（本类题共 3 小题，共 18 分。凡要求计算的，必须列出计算过程；计算结果出现两位以上小数的，均四舍五入保留小数点后两位小数。凡要求说明理由的，必须有相应的文字阐述）

1. 甲公司为上海证券交易所主板挂牌的上市公司，2025 年发生如下事项：

（1）2025 年 4 月 1 日甲公司董事会发布公告，甲公司将于 5 月 18 日召开股东会年

会。根据董事会的公告，除例行事项提交本次股东会年会审议外，还将审议由职工代表张某担任监事一事。

（2）持有公司 3% 股份的股东王某于 5 月 10 日向董事会书面提交临时提案，建议改选公司董事。董事会拒绝将该提案提交年度股东会审议。

（3）甲公司董事李某于 2025 年 2 月 3 日离职，当日持有甲公司股票 5 000 股。2025 年 6 月 1 日将 5 000 股全部转让。

要求：根据上述资料，分别回答下列问题。

（1）年度股东会是否可以审议职工代表张某担任监事一事，并简要说明理由。

（2）董事会拒绝将王某的提案提交年度股东会审议是否符合公司法律制度规定，并简要说明理由。

（3）董事李某转让股份是否符合公司法律制度规定？并简要说明理由。

2. 赵某、钱某、孙某是大学同学，2020 年大学毕业后，共同出资于甲地购买房屋一套，价值 100 万元。赵某、钱某、孙某分别出资 40 万元、30 万元、30 万元。

2025 年，因孙某工作调动至乙地，遂产生卖房的想法。与赵某、钱某协商，赵某同意出售该房屋而钱某不同意。孙某遂开始寻找买主，经朋友介绍，2025 年 7 月 15 日，与李某订立了房屋买卖合同，价款 200 万元，约定 9 月 15 日付清全部款项。孙某要求李某支付 50 万元定金，李某应允，并于 8 月 15 日将定金交付孙某。

8 月 20 日，周某找到赵某，表示愿以 210 万元的价格购买此房屋，一次性付款。随即与赵某订立买卖合同，同时办理过户登记。

9 月 2 日，李某方得知房屋已登记在周某名下，要求解除买卖合同，并要求双倍返还定金 100 万元。

孙某辩称，李某支付的定金 50 万元超过法律规定定金的上限，定金应按 40 万元计算，加上李某先前支付的 50 万元，共计返还 90 万元。

已知：赵某、钱某、孙某对其共有房屋的份额未作特殊约定。

要求：根据上述资料和物权、合同法律制度的规定，不考虑其他因素，分别回答下列问题。

（1）经赵某、孙某同意，孙某是否有权出卖该房屋？简要说明理由。

（2）周某是否取得房屋所有权？简要说明理由。

（3）孙某的抗辩是否成立？简要说明理由。

3. 2024 年 2 月 10 日，甲公司为支付货款向乙公司签发了一张由丙公司承兑的汇票，汇款金额为 80 万元，到期日为 2024 年 8 月 10 日，2024 年 3 月 10 日，乙公司为购买设备，将该汇票背书转让给丁公司，并请求戊公司提供保证。在汇票上注明"保证""被保证人为乙公司"以及"以乙公司付费为条件"后签章。

2024 年 3 月 25 日，乙公司收到设备后发现不符合合同约定的标准，遂向丁公司发出解除合同的书面通知，2024 年 3 月 26 日，丁公司为支付工程款将该汇票背书转让给己公司并注明"不得转让"。

2024 年 4 月 15 日，己公司向庚公司采购一批原材料，合同约定发货后十日内付款，庚公司要求提供担保。己公司在该汇票上标明"质押"字样后背书给庚公司。庚公司发货十日后，己公司一直未付款。

2024 年 8 月 11 日，庚公司向丙公司提示付款，丙公司以资金不足为由，告知庚公司一个月后付款。庚公司遂向所有前手及戊公司发出追索通知。戊公司以乙公司未向其付费为由拒绝承担保证责任。丁公司以在汇票上注明"不得转让"为由拒绝承担票据责任。乙公司以与丁公司的合同已经解除为由拒绝承担票据责任。

要求：根据上述资料和票据法律制度的规定，不考虑其他因素，分别回答下列问题。

（1）戊公司是否应当向庚公司承担保证责任？简要说明理由。

（2）丁公司是否应当向庚公司承担票据责任？简要说明理由。

（3）乙公司是否应当向庚公司承担票据责任？简要说明理由。

五、综合题（本类题共 1 题，共 12 分。凡要求计算的，必须列出计算过程；计算结果出现两位以上小数的，均四舍五入保留小数点后两位小数。凡要求说明理由的，必须有相应的文字阐述）

甲公司主营咖啡生产、种植、加工、销售、仓储和运输。2024 年 1 月 1 日，甲公司向乙公司借款 300 万元，双方签订借款合同约定：借款期限 1 年；借款年利率 10%；逾期年利率 15%；借款方甲公司违约，须以借款本金为基数承担日 0.1‰ 的违约金（按 365 天计，折算成年违约金为 3.65%）。同日，为担保借款，甲公司将其一闲置厂房抵押给乙公司，办理了抵押登记，另以一台生产设备为乙公司设定抵押，订立书面抵押合同，但未办理抵押登记。此外，甲公司的总经理乐某为该借款提供保证，其向乙公司出具了保证书，乙公司接收且未提出异议。甲公司、乐某与乙公司未约定担保权利行使的顺序。

2024 年 5 月 1 日，甲公司将抵押厂房出租给丙公司，订立租赁合同约定租期为 10 年。7 月 10 日，甲公司将该厂房交付丙公司使用。

2025 年 1 月 1 日，借款期限届满，甲公司无力清偿到期债务。

乙公司未实现抵押权，欲变卖闲置厂房偿债，但因丙公司占有该厂房导致无人购买。乙公司要求丙公司腾退厂房，遭到丙公司拒绝。

后经乙公司调查发现，甲公司已将该生产设备以市场价出卖给丁公司。

2025 年 3 月 1 日，为实现债权，乙公司以甲公司、丙公司、乐某、丁公司为被告向人民法院起诉，主张如下：

甲公司承担返还借款本息及违约金责任；就甲公司设定抵押的厂房、生产设备等抵押物行使抵押权；乐某承担连带保证责任。

甲公司抗辩：乙公司不得同时主张逾期利息与违约金。

丙公司主张，即使乙公司就厂房实现抵押权，也无权要求自己腾退房屋。

乐某抗辩如下：

（1）乙公司应就甲公司的厂房及生产设备先行使抵押权；（2）自己只承担一般保

证责任，享有先诉抗辩权，乙公司在就债务人甲公司财产依法强制执行仍不能实现债权之前，自己不承担保证责任。

丁公司主张，乙公司无权对其购买的生产设备行使抵押权。

已知：假设 2024 年 1 月 1 日有效的一年期贷款市场报价利率为 3.85%。

要求：根据上述资料和合同、物权法律制度的规定，不考虑其他因素，分别回答下列问题。

（1）乙公司能否同时主张逾期利息和违约金？简要说明理由。

（2）乐某与乙公司的保证合同是否成立？简要说明理由。

（3）乐某的抗辩（1）是否成立？简要说明理由。

（4）乐某是否享有先诉抗辩权？简要说明理由。

（5）乙公司能否要求丙公司腾退房屋？简要说明理由。

（6）丁公司的主张是否成立？简要说明理由。

2025 年度中级会计资格
《经济法》全真模拟试题（二）

一、单项选择题（本类题共 30 小题，每小题 1 分，共 30 分。每小题备选答案中，只有一个符合题意的正确答案。错选、不选均不得分）

1. 孙某与赵某约定，赵某若于年内结婚，孙某将把其名下一套房屋借给赵某使用 1 年。该约定的性质是（　　）。
    A. 附期限的法律行为 　　　　　B. 附条件的法律行为
    C. 单方法律行为 　　　　　　　D. 不属于法律行为

2. 章某 15 周岁生日时，姥爷送其一台价值 2 万元的电脑，姥姥则送了一副价值 100 元的手套。同年某天，章某未事先征得法定代理人的同意，将其电脑与手套分别赠送给了同班同学。下列关于章某行为效力的表述中，正确的是（　　）。
    A. 赠送手套的行为效力待定 　　B. 受赠手套的行为有效
    C. 赠送电脑的行为无效 　　　　D. 受赠电脑的行为效力待定

3. 下列关于代理人与相对人恶意串通，损害被代理人利益责任承担的表述中，正确的是（　　）。
    A. 代理人应当承担民事责任，相对人不承担责任
    B. 相对人应当承担民事责任，代理人不承担责任
    C. 代理人与被代理人共同承担民事责任
    D. 代理人和相对人负连带责任

4. 甲、乙两公司签订一份货物买卖合同，并在合同中约定因履行本合同发生的一切纠纷，双方同意提请丙仲裁委员会仲裁。其后因不可抗力双方解除了该买卖合同，但因定金返还问题发生纠纷，则下列说法中，正确的是（　　）。
    A. 甲公司可以直接向人民法院起诉要求乙公司返还定金
    B. 甲公司可以向丙仲裁委员会申请仲裁
    C. 甲公司可以选择向丙仲裁委员会申请仲裁或向人民法院起诉
    D. 乙公司认为合同解除，则仲裁协议无效

5. 根据民事诉讼法律制度的规定，在诉讼时效期间最后 6 个月内发生的或存续的

下列事由中，能够引起诉讼时效中止的是（　　）。

    A. 权利人提起诉讼

    B. 义务人同意履行义务

    C. 权利被侵害的完全民事行为能力人的委托代理人辞去委托

    D. 权利被侵害的限制民事行为能力人的法定代理人死亡

6. 根据公司法律制度的规定，下列关于国有独资公司的表述中，正确的是（　　）。

    A. 履行出资人职责的机构可以授权公司董事会行使修改公司章程的职权

    B. 国有独资公司的经理由履行出资人职责的机构任免

    C. 国有独资公司的董事会成员中，应当 2/3 以上为外部董事

    D. 国有独资公司章程由履行出资人职责的机构制定

7. 2025 年 4 月 15 日，某股份有限公司经授权依董事会决议收购了本公司部分股份用于员工持股计划。该公司现有已发行股份总额 8 000 万股，该公司之前未收购本公司股份。下列关于该公司本次收购本公司部分股份的表述中，符合我国《公司法》规定的是（　　）。

    A. 公司可以收购的本公司股份不得超过 800 万股

    B. 经过半数董事出席的董事会会议决议

    C. 公司通过协议方式向其他股东收购其所持本公司股权

    D. 公司收购的本公司股份应在 5 年内注销

8. 某上市公司拟聘任独立董事一名。甲为该公司人力资源总监的小学同学；乙为在该公司中持股7%的某国有企业的负责人；丙曾任该公司财务部经理，半年前离职；丁为某大学法学院教授，兼职担任该公司子公司的法律顾问。根据公司法律制度的规定，下列人员中，可以担任该公司独立董事的是（　　）。

    A. 甲　　　　　B. 乙　　　　　C. 丙　　　　　D. 丁

9. 根据公司法律制度的规定，下列各项中，不得作为出资的是（　　）。

    A. 债权　　　　　　　　　B. 特许经营权

    C. 知识产权　　　　　　　D. 股权

10. 张某、李某和赵某拟投资设立一家特殊的普通合伙企业，下列拟定的名称中，符合法律规定的是（　　）。

    A. 甲合伙企业　　　　　　B. 甲普通合伙企业

    C. 甲有限合伙企业　　　　D. 甲特殊普通合伙企业

11. 根据《合伙企业法》的规定，普通合伙企业的下列事务中，在合伙协议没有约定的情况下，不必经全体合伙人一致同意即可执行的是（　　）。

    A. 改变合伙企业主要经营场所的地点

    B. 合伙人之间转让在合伙企业中的部分财产份额

    C. 改变合伙企业的名称

    D. 转让合伙企业的商标权

12. 某普通合伙企业合伙人甲享有合伙财产份额价值为 10 万元，因个人车辆修理

而欠乙修理费 5 万元，到期无力清偿。同时乙欠合伙企业 5 万元未清偿；合伙企业未向甲支付上一年度应分配利润 8 万元。债权人乙提出的下列主张中，符合合伙企业法律制度规定的是（　　）。

A. 以甲欠乙的修理费抵销乙欠合伙企业的货款

B. 请求人民法院强制执行甲在合伙企业中的财产份额以清偿修理费

C. 代位行使甲对合伙企业上一年度全部可分配利润的请求权

D. 直接取得甲在合伙企业中价值 5 万元的财产份额

13. 甲、乙、丙、丁共同投资设立一有限合伙企业，甲、乙为普通合伙人，丙、丁为有限合伙人。下列有关合伙人以财产份额出质的表述中，不正确的是（　　）。

A. 经乙、丙、丁同意，甲可以以其在合伙企业中的财产份额出质

B. 如果合伙协议没有约定，即使甲、乙均不同意，丁也可以以其在合伙企业中的财产份额出质

C. 合伙协议可以约定，经 2 个以上合伙人同意，乙可以以其在合伙企业中的财产份额出质

D. 合伙协议可以约定，未经 2 个以上合伙人同意，丙不得以其在合伙企业中的财产份额出质

14. 根据物权法律制度的规定，下列各项中，属于物权法上的物的是（　　）。

A. 商标权　　　　B. 智慧成果　　　　C. 航空器　　　　D. 活人的身体

15. 甲、乙二人签订买卖洗衣机的合同，甲是出卖人，乙是买受人。合同签订时，丙正借用该洗衣机，于是甲、乙、丙约定，由丙继续使用洗衣机，用完后再交付给乙，这种交付方式在法律上称为（　　）。

A. 一般交付　　　B. 简易交付　　　C. 占有改定　　　D. 指示交付

16. 甲、乙、丙三人按 35%、55%、10% 的份额共有一艘货车，乙、丙二人均有意卖掉货车，甲坚决反对。根据物权法律制度的规定，关于出卖货车，下列各项中，正确的是（　　）。

A. 乙有权单独决定出卖货车

B. 乙、丙未经甲同意无权出卖货车

C. 乙、丙有权基于多数份额出卖货车

D. 乙、丙可根据多数共有人同意出卖货车

17. 甲、乙、丙三兄弟共同继承一幅古董字画，由甲保管。甲擅自将该画以市场价出卖于丁并已交付，丁对该画的共有权属关系并不知情。根据物权法律制度的规定，下列各项中，正确的是（　　）。

A. 经乙和丙中一人追认，丁即可取得该画所有权

B. 无论乙和丙追认与否，丁均可取得该画的所有权

C. 丁取得该画的所有权，但须以乙和丙均追认为前提

D. 无论乙和丙追认与否，丁均不能取得该画的所有权

18. 甲公司向乙公司购买一台设备，价款 80 万元。甲公司与丙公司约定，由丙公

司承担甲公司对乙公司的 80 万元价款债务，乙公司表示同意，后丙公司始终未清偿 80 万元价款。根据合同法律制度的规定，下列关于乙公司主张债权的表述中，正确的是（　　）。

A. 乙公司可以要求甲公司和丙公司共同偿还 80 万元价款
B. 乙公司应当向丙公司主张清偿 80 万元价款
C. 乙公司可以选择向甲公司或者丙公司主张清偿 80 万元价款
D. 乙公司应当向甲公司主张清偿 80 万元价款

19. 李某于"双十二"期间精挑细选后从某电商平台购入一双跑鞋，根据合同法律制度的规定，除另有约定外，李某与电商平台合同成立的时间为（　　）。

A. 李某提交订单时
B. 李某付款时
C. 平台发货时
D. 李某签收时

20. 甲企业与乙企业签订买卖机床的合同，价格总额为 100 万元，由 A 企业为甲企业的付款提供保证，在合同履行过程中，由于该型号机床的市场价格发生较大变动，乙企业与甲企业协议将该合同的价格总额变更为 120 万元，甲企业同意，但是该变更未经 A 企业同意。下列说法中，正确的是（　　）。

A. A 企业不再承担任何担保责任
B. A 企业仍应对 100 万元的债务承担保证责任
C. A 企业应对 120 万元的债务承担保证责任
D. A 企业应对 20 万元的债务承担保证责任

21. 陈某向王某购买货物，价款为 10 万元，合同签订后，陈某向王某支付了 2 万元作为定金。交货期限届满后，因为第三方供货迟延，致使王某只向陈某支付了一半的货物，陈某因此主张适用定金罚则，要求王某承担定金责任，王某不同意。下列关于是否适用定金罚则的表述中，符合合同法律制度规定的是（　　）。

A. 不适用定金罚则，因为是第三人的原因致使合同不能完全履行
B. 适用定金罚则，因为王某未完全履行合同，应返还定金 4 万元
C. 不适用定金罚则，因为王某已经履行了部分债务
D. 适用定金罚则，因为王某未完全履行合同，应返还定金 3 万元

22. 2024 年 4 月 24 日，甲公司向乙公司发出函件称："本公司以每吨 5 000 元的价格出售 H 型钢材 100 吨。如贵公司欲购买，请于 5 月 10 日前让本公司知悉。"乙公司于 4 月 27 日收到甲公司的函件，并于次日回函表示愿意购买。但由于连续几日下暴雨，交通中断，乙公司的回函于 5 月 11 日方到达甲公司处。因已超过 5 月 10 日的最后期限，甲公司未再理会乙公司，而将钢材售与他人。乙公司要求甲公司履行钢材买卖合同。根据合同法律制度的规定，下列表述中，正确的是（　　）。

A. 甲、乙公司之间的合同未成立，甲公司对乙公司不承担任何责任
B. 甲、乙公司之间的合同未成立，但乙公司有权要求甲公司赔偿信赖利益损失
C. 甲、乙公司之间的合同成立但未生效，甲公司有权以承诺迟到为由撤销要约
D. 甲、乙公司之间的合同成立且已生效，乙公司有权要求甲公司履行合同

23. 根据票据法律制度的规定，下列关于汇票背书的表述中，正确的是（　　）。

    A. 背书附条件的，所附条件具有汇票上的效力

    B. 出票在汇票上记载"不得转让"字样，该汇票不得转让

    C. 背书记载"委托收款"字样的，被背书人取得票据权利

    D. 被拒绝承兑的汇票背书转让的，背书人不承担汇票责任

24. 根据票据法律制度的规定，在票据上更改特定记载事项的，将导致票据无效。下列各项中，属于该记载事项的是（　　）。

    A. 付款人名称   B. 付款地

    C. 日期   D. 出票地

25. 根据证券法律制度的规定，当事人对证券交易所作出的终止上市交易决定不服的，可以向特定机构设立的复核机构申请复核，该特定机构是（　　）。

    A. 中国证监会   B. 投资者保护机构

    C. 证券交易所   D. 证券业协会

26. 对保险人的免责条款，保险人在订立合同时应以书面或口头形式向投保人说明，未作提示或者未明确说明的，该免责条款（　　）。

    A. 效力待定   B. 不产生效力

    C. 可变更   D. 可撤销

27. 根据预算法律制度的规定，下列关于预算调整的表述中，不正确的是（　　）。

    A. 在预算执行中，需要调入预算稳定调节基金的，应当依据法定条件和程序进行预算调整

    B. 在预算执行中，地方各级政府因上级政府增加不需要本级政府提供配套资金的专项转移支付而引起的预算支出变化，不属于预算调整

    C. 县级以上地方各级预算的调整方案应当提请本级人民代表大会审查和批准

    D. 乡、民族乡、镇预算的调整方案应当提请本级人民代表大会审查和批准

28. 根据企业国有资产法律制度的规定，代表国家行使国有资产所有权的是（　　）。

    A. 国务院

    B. 全国人民代表大会

    C. 全国人民代表大会常务委员会

    D. 财政部

29. 根据政府采购法律制度的规定，政府采购合同履约保证金可以采取的支付方式不包括（　　）。

    A. 现金   B. 汇票

    C. 支票   D. 担保机构出具的保函

30. 根据政府采购法律制度的规定，政府采购的采购人不包括（　　）。

    A. 国家机关   B. 事业单位   C. 团体组织   D. 国有企业

二、多项选择题（本类题共15小题，每小题2分，共30分。每小题备选答案中，有两个或两个以上符合题意的正确答案。请至少选择两个答案，全部选对得满分，少选得相应分值，多选、错选、不选均不得分）

1. 根据民事法律制度的规定，下列有关诉讼时效制度的表述中，正确的有（ ）。
   A. 普通诉讼时效期间自权利人知道或者应当知道权利受到损害以及义务人之日起计算
   B. 未成年人遭受性侵害的损害赔偿请求权的诉讼时效期间，自受害人受到侵害之日起计算
   C. 当事人约定同一债务分期履行的，诉讼时效期间自最后一期履行期限届满之日起计算
   D. 自权利受到损害之日起超过20年的，人民法院不予保护，有特殊情况的，人民法院可以根据权利人的申请决定延长

2. 李某与甲公司解除代理关系后，持甲公司未收回的盖有甲公司印章的空白合同，代理甲公司与善意的乙公司签订了供货合同，下列关于李某代理行为的表述中，正确的有（ ）。
   A. 属于无权代理   B. 属于有权代理
   C. 代理行为有效   D. 代理行为无效

3. 根据公司法律制度的规定，实践中常见的过度支配与控制的情形有（ ）。
   A. 公司账簿与股东账簿不分，致使公司财产与股东财产无法区分的
   B. 母子公司或者子公司之间进行交易，收益归一方，损失却由另一方承担的
   C. 先从原公司抽走资金，然后再成立经营目的相同或者类似的公司，逃避原公司债务的
   D. 股东无偿使用公司资金或者财产，不作财务记载的

4. 根据《公司法》的规定，监事会或者董事会收到具备法定资格股东的书面请求后，在一定情形下股东可以为了公司利益，以自己的名义直接向人民法院提起诉讼。下列各项中，属于该情形的有（ ）。
   A. 股东书面请求公司董事会向人民法院提起诉讼遭到拒绝
   B. 股东书面请求公司监事会向人民法院提起诉讼，情况紧急、不立即提起诉讼将会使公司利益受到难以弥补的损害的
   C. 股东书面请求公司监事会向人民法院提起诉讼遭到拒绝
   D. 股东书面请求公司监事会向人民法院提起诉讼，监事会自收到请求之日起30日内未提起诉讼

5. 根据合伙企业法律制度的规定，下列行为中，有限合伙人可以实施的有（ ）。
   A. 参与选择承办合伙企业审计业务的会计师事务所
   B. 除合伙协议另有约定，对外代表有限合伙企业

C. 除合伙协议另有约定，同本有限合伙企业进行交易

D. 除合伙协议另有约定，将合伙企业的财产份额对外出质

6. 根据合伙企业法律制度的规定，下列各项中，属于有限合伙人当然退伙情形的有（　　）。

A. 有限合伙人丧失民事行为能力

B. 有限合伙人死亡

C. 有限合伙人被宣告破产

D. 有限合伙人在合伙企业中的全部财产份额被人民法院强制执行

7. 根据物权法律制度的规定，下列各项中，属于无效担保合同的有（　　）。

A. 甲公立大学与乙银行签订保证合同，为丙企业的借款提供保证

B. 甲行政机关与乙银行签订担保合同，为丙公司的借款提供担保

C. 甲公立医院与乙银行签订保证合同，为丙公司的借款提供担保

D. 张某与债权人王某签订的未约定担保范围的担保合同

8. 债务人甲公司因资金周转，向乙银行借款 1 000 万元，以自己现有的及将有的生产设备、原材料、半成品、产成品为乙银行设定了浮动抵押担保该项借款。甲公司与乙银行签订了书面的抵押合同，并办理了抵押登记。抵押期间，甲公司因生产需要欲购入一台大型设备。但苦于没有资金，遂与丙融资租赁公司订立融资租赁合同，约定由丙公司购入设备给甲公司使用，甲公司按年支付租金。根据物权、合同法律制度的规定，下列说法中，正确的有（　　）。

A. 甲公司可以以现有的及将有的生产设备、原材料、半成品、产成品为乙银行设立抵押权

B. 乙银行已经取得抵押权

C. 为担保丙公司租金的实现，丙公司与甲公司协商以该大型设备设立抵押权，两者订立书面抵押合同，并自交付设备后 10 日内办理抵押登记，乙银行的抵押权优先于丙公司的抵押权

D. 融资租赁合同应当以书面形式订立

9. 根据合同法律制度的规定，在订立合同过程中给对方造成损失，应当承担缔约过失责任的情形有（　　）。

A. 丙未按时履行支付租金的义务

B. 丁在订立合同过程中，不正当使用其在这一过程中知悉的对方的商业秘密

C. 甲假借订立合同，恶意与乙进行磋商

D. 戊故意隐瞒与订立合同有关的重要事实

10. 根据合同法律制度的规定，下列关于法定抵销的说法中，正确的有（　　）。

A. 当事人互负债务，该债务的标的物种类、品质不相同的，可以适用法定抵销

B. 法定抵销不得附条件

C. 双方债务均到期方可法定抵销

D. 因故意实施侵权行为产生的债务不得抵销

11. 甲公司与乙公司签订一买卖合同，合同约定：甲公司将 300 吨大米卖给乙公司，合同签订后 3 天内交货，乙公司于收货后 10 天内付货款；合同签订后乙公司应向甲公司支付 30 万元定金。合同订立后，乙公司交付定金 20 万元，甲公司接收后未提出异议。后甲公司未如期向乙公司交付货物，并表示不再履行。下列关于本案的说法中，正确的有（   ）。

    A. 乙公司仅支付 20 万元定金，甲公司可以基于定金合同向乙公司主张违约责任

    B. 乙公司可以基于与甲公司之间的买卖合同，要求甲公司承担违约责任

    C. 甲公司违反合同约定，乙公司可以要求甲公司双倍返还定金 40 万元

    D. 因不可抗力致使合同不能履行，非违约方主张适用定金罚则的，人民法院不予支持

12. 根据《证券法》的规定，首次公开发行股票的基本条件包括（   ）。

    A. 具有持续经营能力

    B. 最近 3 年平均可分配利润足以支付公司债券 1 年的利息

    C. 最近 3 年财务会计报告被出具无保留意见审计报告

    D. 发行人及其控股股东、实际控制人最近 3 年不存在贪污、贿赂、侵占财产、挪用财产或者破坏社会主义市场经济秩序的刑事犯罪

13. 根据保险法律制度的有关规定，投保人投保的下列保险中，有效的有（   ）。

    A. 老赵为其 6 岁的儿子小赵购买了一份以死亡为给付保险金条件的合同

    B. 老钱为其患有精神疾病的妻子购买了一份以死亡为给付保险金条件的合同

    C. 老孙为其母亲购买了一份以死亡为给付保险金条件的合同，未经其母亲同意

    D. 老李为自己购买了一份以死亡为给付保险金条件的合同，指定的受益人为自己的妻子

14. 根据预算法律制度的规定，经批准的中央预算在执行中出现下列情形时，应当进行预算调整的有（   ）。

    A. 需要增加预算总支出的

    B. 需要减少举借债务数额的

    C. 需要调入预算稳定调节基金的

    D. 需要调减预算安排的重点支出数额的

15. 根据国有资产管理法律制度的规定，下列行政事业性国有资产中，应予以报废、报损的有（   ）。

    A. 非正常损失的资产

    B. 盘亏的资产

    C. 因不可抗力造成毁损的资产

    D. 可满足现有工作需要但已超过使用年限的资产

三、判断题（本类题共 10 小题，每小题 1 分，共 10 分。请判断每小题的表述是否正确。每小题答题正确的得 1 分，错答、不答均不得分，也不扣分）

1. 甲、乙公司因履行买卖合同发生纠纷，经某县市场监督管理局调解，双方达成协议。后乙公司认为调解协议对自己不利，则乙公司可以以某县市场监督管理局为被申请人向县政府申请行政复议。（　　）

2. 行政诉讼中应由原告承担举证责任。（　　）

3. 公司法定公积金转增资本时，所留存的该项公积金不得少于转增前公司注册资本的 25%。（　　）

4. 有限责任公司增加注册资本时，股东在同等条件下有权优先按照实缴的出资比例认缴出资。但是，过半数股东约定不按照出资比例优先认缴出资的除外。（　　）

5. 通知退伙须合伙人提前 30 日通知其他合伙人。（　　）

6. 甲在其宅基地上建造房屋，房屋建成后，甲办理了登记手续。甲取得房屋所有权的时间是房屋建造完成时。（　　）

7. 赠与合同的当事人不履行义务时，对方当事人可以行使同时履行抗辩权。（　　）

8. 某生产设备属于陶某，但李某向张某声称该设备属于自己，并愿意将其卖给张某，张某予以接受。由于李某对于该设备并无所有权，因此，该买卖合同无效。（　　）

9. 在上市公司收购中，收购人持有的被收购公司的上市公司的股票，在收购行为完成后的 24 个月内不得转让。（　　）

10. 发生重大资产调拨、划转以及单位分立、合并、改制、撤销、隶属关系改变等情形应当对行政事业性国有资产进行清查。（　　）

四、简答题（本类题共 3 小题，共 18 分。凡要求计算的，必须列出计算过程；计算结果出现两位以上小数的，均四舍五入保留小数点后两位小数。凡要求说明理由的，必须有相应的文字阐述）

1. 2023 年 7 月，赵某、钱某、孙某、李某拟设立甲有限责任公司（以下简称甲公司）。4 人认缴的出资分别是 400 万元、300 万元、100 万元和 50 万元，股东会会议决议按照认缴的出资比例行使表决权。7 月 5 日，鉴于孙某组织能力比较强，由孙某召集和主持首次股东会会议。

2024 年 7 月，甲公司召开股东会会议，决定公司不设董事会，由赵某担任执行董事，不设监事会，由李某担任监事。根据公司章程的规定，由赵某任免钱某为经理，任免孙某为财务负责人。2025 年 3 月，甲公司发生经营亏损，李某提议召开临时股东会，董事赵某认为李某持股比例未达 1/10，不符合召开临时股东会的条件，予以拒绝。

2025 年 7 月，甲公司召开年度股东会，李某认为 4 位股东均未实缴出资额，造成公司经营困难，提出修改公司章程，提高股东实缴的出资比例。钱某和孙某表示同意，赵某拒绝。

要求：根据上述资料和公司法律制度的规定，不考虑其他因素，分析回答下列问题。

（1）2023 年 7 月 5 日，孙某召集和主持首次股东会会议，是否符合公司法律制度的规定？简要说明理由。

（2）2025 年 3 月，李某提议召开临时股东会，是否符合公司法律制度的规定？简要说明理由。

（3）2025 年 7 月，李某提议修改公司章程是否能通过？简要说明理由。

2. 甲公司向乙公司赊购了一辆大巴车，价款为 80 万元，买卖合同于 2025 年 1 月 1 日签订，签订当日，乙公司向甲公司交付了大巴车。次日，为担保甲公司支付购买价款，双方又于车辆上牌照的同时办理了抵押登记手续。

2 月 1 日，甲公司因急需周转资金向丙公司借款 10 万元，以该大巴车设定抵押并办理了抵押登记。

3 月 1 日，甲公司将大巴车送至丁公司处保养，双方因保养费用发生纠纷，甲公司拒绝支付保养费，丁公司留置大巴车并通知甲公司于 3 个月内支付保养费，否则将拍卖大巴车以抵偿保养费。乙公司、丙公司得知大巴车被留置后，均主张甲公司的欠款已经到期，要求实现抵押权。

要求：根据上述资料和物权法律制度的规定，分别回答下列问题。

（1）甲公司何时取得大巴车的所有权？简要说明理由。

（2）丁公司能否在留置后立即拍卖、变卖大巴车实现留置权？简要说明理由。

（3）请指出该大巴车上乙公司、丙公司和丁公司的权利顺位。简要说明理由。

3. A 公司为支付货款，向 B 公司签发了一张金额为 200 万元的银行承兑汇票，某商业银行作为承兑人在票面上签章。B 公司收到汇票后将其背书转让给 C 公司，以偿还所欠 C 公司的租金，但未在被背书人栏内记载 C 公司的名称。C 公司欠 D 公司一笔应付账款，遂直接将 D 公司记载为 B 公司的被背书人，并将汇票交给 D 公司。D 公司随后又将汇票背书转让给 E 公司，用于偿付工程款，并于票据上注明："工程验收合格则转让生效。"

D 公司与 E 公司因工程存在严重质量问题，未能验收合格而发生纠纷。纠纷期间，E 公司为支付广告费，欲将汇票背书转让给 F 公司。F 公司负责人知悉 D 公司与 E 公司之间存在工程纠纷，对该汇票产生疑虑，遂要求 E 公司之关联企业 G 公司与 F 公司签订了一份保证合同。该保证合同约定，G 公司就 E 公司对 F 公司承担的票据责任提供连带责任保证。但是，G 公司未在汇票上记载任何内容，亦未签章。

F 公司于汇票到期日向银行提示付款，银行以 A 公司未在该行存入足额资金为由拒绝付款。F 公司遂向 C、D、E、G 公司追索。

要求：根据上述内容，分别回答下列问题。

（1）C 公司是否应向 F 公司承担票据责任？并说明理由。

（2）D 公司背书转让给 E 公司是否生效？并说明理由。

（3）D 公司能否以其与 E 公司的工程纠纷尚未解决为由，拒绝向 F 公司承担票据责任？并说明理由。

（4）F 公司能否向 G 公司行使票据上的追索权？并说明理由。

五、综合题（本类题共 1 题，共 12 分。凡要求计算的，必须列出计算过程；计算结果出现两位以上小数的，均四舍五入保留小数点后两位小数。凡要求说明理由的，必须有相应的文字阐述）

甲公司为手术机器人生产企业，产品"V 视"手术机器人已获 NMPA 批准上市。甲公司获悉乙医院欲购 10 台腔镜手术机器人，遂于 2022 年 6 月 6 日向乙医院发出要约函，称愿以 300 万元的总价向乙医院出售腔镜手术机器人 10 台，乙医院须先支付定金 30 万元，货到后 10 日内支付剩余货款，质量保证期为 5 年。2022 年 7 月 10 日，乙医院获知信件内容，并于同日向甲公司发出传真表示同意要约，但同时提出：总价降为 285 万元，2022 年 9 月 5 日前交付全部货物，我方于 2022 年 10 月 10 日前支付剩余货款；任何一方未按约履行，均须向对方支付违约金 15 万元。次日，甲公司回复传真表示同意。双方未约定货物交付地点及方式。

2022 年 8 月 1 日，乙医院向甲公司支付定金 30 万元。次日，甲公司将腔镜手术机器人交付承运人丙公司。2022 年 8 月 10 日，乙医院收到 8 台腔镜手术机器人，且其中 2 台存在瑕疵：1 台外观有轻微划痕，1 台严重变形无法正常使用。经查，甲公司漏发 1 台，实际只发了 9 台，运输途中遇山洪突然暴发被洪水冲走 1 台，2 台腔镜手术机器人的瑕疵系因甲公司员工不慎碰撞所致。

2022 年 10 月 15 日，乙医院要求甲公司另行交付 4 台腔镜手术机器人，否则将就未收到的 2 台腔镜手术机器人以及存在瑕疵的 2 台腔镜手术机器人部分解除合同，并要求甲公司支付违约金 15 万元，同时双倍返还定金。甲公司要求乙医院支付剩余货款，并告知乙医院，甲公司之前委托丁公司保管 1 台全新腔镜手术机器人，已通知丁公司向乙医院交付以补足漏发的腔镜手术机器人，其余则未作出回应。乙医院表示同意接收丁公司交来的腔镜手术机器人。甲公司交付乙医院的腔镜手术机器人中有 1 台一直未启用。直至 2024 年 12 月 16 日启用时，乙医院才发现该台腔镜手术机器人也因质量瑕疵无法使用，遂向甲公司主张赔偿，甲公司拒绝。

要求：根据上述内容，分别回答下列问题。

（1）甲公司与乙医院的买卖合同何时成立？并说明理由。

（2）乙医院是否有权分别就外观有划痕和严重变形无法使用的腔镜手术机器人部分解除合同？并说明理由。

（3）甲公司是否有权要求丙公司赔偿被洪水冲走的腔镜手术机器人？并说明理由。

（4）甲公司是否有权要求乙医院支付被洪水冲走腔镜手术机器人的价款？并说明理由。

（5）乙医院是否有权要求甲公司同时支付违约金和双倍返还定金？并说明理由。

（6）甲公司通知丁公司向乙医院交付腔镜手术机器人，是否构成甲公司向乙医院的交付？并说明理由。

（7）乙医院是否有权要求甲公司就 2024 年 12 月 16 日发现的腔镜手术机器人质量瑕疵进行赔偿？并说明理由。

2025 年度中级会计资格
《经济法》全真模拟试题（三）

一、单项选择题（本类题共 30 小题，每小题 1 分，共 30 分。每小题备选答案中，只有一个符合题意的正确答案。错选、不选均不得分）

1. 下列关于法律体系和法律部门关系的表述中，不正确的是（　　）。
   A. 法律体系既包括国内法也包括国际法
   B. 法律体系包含多个法律部门
   C. 法律部门是法律体系的组成部分
   D. 不同法律部门的有机结合形成了一国的法律体系

2. 甲、乙双方在 2025 年 3 月 31 日签订合同，2025 年 4 月 30 日发现有重大误解，撤销权人向人民法院主张撤销的最后期限是（　　）。
   A. 2025 年 6 月 29 日　　　　　　　B. 2026 年 4 月 30 日
   C. 2026 年 3 月 31 日　　　　　　　D. 2025 年 7 月 29 日

3. 根据民事法律制度的规定，下列关于诉讼时效期间届满法律效力的表述中，不正确的是（　　）。
   A. 诉讼时效期间届满后，实体权利本身归于消灭
   B. 诉讼时效期间届满后，债务人获得抗辩权
   C. 诉讼时效期间届满后，权利人起诉的，人民法院应当受理
   D. 诉讼时效期间届满后，当事人自愿履行义务的，不受诉讼时效限制

4. 甲公司授予乙公司代理权，委托乙公司向丙公司采购货物。乙公司和丙公司串通，致乙公司以甲公司名义购进的货物质次价高，使甲公司遭受严重的经济损失。关于甲公司损失承担的下列表述中，正确的是（　　）。
   A. 甲公司的损失应当由甲公司和乙公司分担
   B. 甲公司的损失应当由乙公司和丙公司承担连带赔偿责任
   C. 甲公司的损失应当由乙公司承担全部赔偿责任
   D. 甲公司的损失应当由乙公司和丙公司承担按份赔偿责任

5. 根据行政复议法律制度的规定，下列各项中，不属于行政复议参加人的是（　　）。

A. 申请人   B. 被申请人

C. 第三人   D. 行政复议机关

6. 根据公司法律制度的规定，下列关于股份有限公司股份转让的表述中，正确的是（   ）。

   A. 公司可以接受本公司股份作为质押权的标的

   B. 公司在任何情况下都不得收购本公司股票

   C. 公司公开发行股份前已发行的股份，自公司股票在证券交易所上市交易之日起1年内不得转让

   D. 上市公司董事会秘书不得买卖本公司股票

7. 根据公司法律制度的规定，公司的下列人员中，不得担任公司法定代表人的是（   ）。

   A. 董事长   B. 董事   C. 监事   D. 总经理

8. 根据公司法律制度的规定，下列关于股份有限公司发起人的表述中，正确的是（   ）。

   A. 发起人的人数应为1人以上200人以下

   B. 发起人只能是中国公民

   C. 发起人只能是自然人

   D. 发起人必须在中国境内有住所

9. 根据公司法律制度的规定，下列关于股份有限公司股东会的表述中，正确的是（   ）。

   A. 股东会作出决议，应当经全体股东所持表决权过半数通过

   B. 股东人数较少的股份有限公司，股东会年会可以每两年召开一次

   C. 股东会可以依照公司章程的规定以累积投票制的方式选举董事

   D. 股东会可以对会议通知中未列明的事项作出决议

10. 2024年7月1日，张某、李某、王某分别出资60 000元设立了普通合伙企业。11月1日，张某拟将自己在合伙企业的财产份额的50%按30 000元转让，张某通知李某、王某后，李某表示愿意以20 000元购买，王某未表态。11月3日，张某的好友齐某知道后，愿意以30 000元购买该份额，王某得知后，随即表示愿以30 000元购买该份额。该合伙企业的合伙协议对合伙人转让财产份额未作特别约定。下列关于张某财产份额转让的表述中，正确的是（   ）。

   A. 张某应将其财产份额转让给齐某

   B. 张某应将其财产份额转让给王某

   C. 张某的财产份额不可以转让

   D. 张某应将其财产份额转让给李某

11. 甲在上班途中遗失手机一部，被乙拾得。甲发布悬赏广告称，愿向归还手机者支付现金2 000元作为酬谢。根据物权法律制度的规定，下列表述中，正确的是（   ）。

   A. 返还手机是乙的法定义务，故甲虽承诺向归还手机的拾得人支付2 000元酬

金，乙仍无权请求甲支付该酬金，仅有权要求甲支付因返还手机而发生的必要费用

B. 若乙将手机以 3 500 元的市场价格卖给不知情的丙，则甲除非向丙支付 3 500 元，否则无权请求丙返还手机

C. 若乙将手机送交公安机关，而甲未于公安机关发出招领公告之日起 1 年内认领，则乙取得该手机的所有权

D. 若乙将手机送交公安机关，而甲未于公安机关发出招领公告之日起 1 年内认领，则该手机归国家所有

12. 2025 年 5 月 10 日，甲用自己的一台汽车作抵押，向朋友乙借款 10 万元，并进行了抵押登记。6 月 1 日，甲又将该汽车抵押给银行，从银行借款 8 万元，也进行了抵押登记。现两笔债务均过履行期，甲均未清偿。乙和银行对甲的汽车都主张优先受偿权。经拍卖，该汽车卖得 15 万元。根据物权法律制度的规定，对此款项的受偿应该是（　　）。

  A. 乙优先受偿　　　　　　　　　B. 银行优先受偿

  C. 乙与银行按比例受偿　　　　　　D. 乙与银行平均受偿

13. 张某和陈某分别出资 50%，共同购买了一套商业用房。双方约定按照出资额按份共有，对其他事项未作约定。根据物权法律制度的规定，下列各项中，正确的是（　　）。

  A. 未经张某同意，陈某有权将该整套商业用房抵押给银行

  B. 未经张某同意，陈某有权将该整套商业用房出售给第三人

  C. 若陈某放弃优先购买权，张某可以向第三人转让其共有份额

  D. 若张某去世，只有陈某放弃优先购买权，张某的法定继承人才可以继承其份额

14. 根据物权法律制度的规定，下列关于更正登记与异议登记的表述中，正确的是（　　）。

  A. 更正登记的申请人只能是权利人

  B. 提起更正登记之前，须先提起异议登记

  C. 异议登记之日起 15 日内申请人不起诉的，异议登记失效

  D. 异议登记不当造成权利人损害的，登记机关应承担损害赔偿责任

15. 下列关于承诺的表述中，正确的是（　　）。

  A. 迟到承诺为新要约

  B. 受要约人超过期限发出的承诺为迟到承诺

  C. 承诺一经作出不得反悔

  D. 承诺自通知到达要约人起生效

16. 根据合同法律制度的规定，违约方承担违约责任的形式不包括（　　）。

  A. 赔偿损失　　　　　　　　　　　B. 继续履行

  C. 支付违约金　　　　　　　　　　D. 行使撤销权

17. 7月21日，陈某通过微信询问李某，其欲出售房屋一套，面积180平方米，价款300万元，合同订立10日内一次性付款，如欲购买请在5日内回复。7月23日，陈某因出价较低而后悔，遂再次给李某发微信告知李某，因二手房市场价格较低迷，暂不打算出售该房屋。李某因手机故障于7月24日方才看到该消息，遂于当日回复陈某，表示同意购买该房屋，并愿意多支付20万元给陈某，但陈某并未回复。7月25日，李某再次给陈某发微信，表示愿以320万元的价格购买该房屋，陈某亦未回复。下列关于陈某、李某之间合同成立与否的表述中，符合合同法律制度规定的是（　　　）。

    A. 陈某可以反悔，暂不向李某出售房屋

    B. 李某7月24日对陈某的回复属于承诺

    C. 李某7月25日对陈某的回复为新要约，陈某未表示反对，合同成立

    D. 李某与陈某的房屋买卖合同未成立

18. 2024年12月8日，赵某与孙某签订某货车买卖合同，赵某为孙某办理了该货车所有权转移登记，但尚未将该货车交付孙某，孙某已支付合同价款。2024年12月14日，赵某又与钱某签订该货车买卖合同，赵某将该货车交付钱某，钱某尚未支付合同价款。后孙某、钱某均向法院起诉，请求确认取得货车所有权。下列关于该货车归属的表述中，正确的是（　　　）。

    A. 归属赵某，因涉及多重买卖，合同均无效

    B. 归属钱某，因为货车已交付给钱某

    C. 归属孙某，因为孙某已经支付了合同价款

    D. 归属孙某，因赵某为孙某办理了货车所有权转移登记

19. 根据合同法律制度的规定，出租人出卖租赁房屋时，承租人在（　　　）情形下享有以同等条件优先购买的权利。

    A. 出租人将租赁房屋出售给其侄子的

    B. 善意第三人购买租赁房屋并已经办理登记手续的

    C. 租赁房屋按份共有人行使优先购买权的

    D. 出租人将租赁房屋出售给其女儿的

20. 甲公司从乙公司处订购一批货物，双方约定甲公司先支付货款，一周后乙公司交付货物。甲公司因资金问题未在约定期限付款，却请求乙公司先交付货物。对于甲公司的请求，乙公司可行使的抗辩权是（　　　）。

    A. 同时履行抗辩权　　　　　　　　B. 后履行抗辩权

    C. 先诉抗辩权　　　　　　　　　　D. 不安抗辩权

21. 下列关于融资租赁合同的表述中，不正确的是（　　　）。

    A. 承租人依赖出租人的技能确定租赁物，租赁物不符合约定的，出租人应承担责任

    B. 出租人根据承租人对出卖人、租赁物的选择订立的买卖合同，经承租人同意，出租人可以修改与承租人有关的合同内容

    C. 承租人占有租赁物期间，租赁物造成第三人人身伤害的，出租人不承担责任

D. 承租人破产的，租赁物属于破产财产

22. 甲私刻乙公司的财务专用章，假冒乙公司名义签发一张转账支票交给收款人丙，丙将该支票背书转让给丁，丁又背书转让给戊。当戊主张票据权利时，根据票据法律制度的规定，下列表述中，正确的是（　　）。

  A. 甲不承担票据责任　　　　　　B. 乙公司承担票据责任

  C. 丙不承担票据责任　　　　　　D. 丁不承担票据责任

23. 甲公司为了支付货款，签发了一张以 A 市乙银行为付款人、以丙公司为收款人的转账支票。丙公司在出票日之后的第 15 天向甲银行提示付款。根据票据法律制度的规定，下列表述中，不正确的是（　　）。

  A. 即使甲公司在乙银行的存款足以支付支票金额，乙银行也可以拒绝付款

  B. 丙公司提示付款的时间不符合规定

  C. 乙银行应当无条件付款

  D. 如果乙银行拒绝付款，甲公司仍应承担票据责任

24. 根据证券法律制度的规定，下列各项中，属于上市公司中负责组织定期报告披露工作的主体的是（　　）。

  A. 董事长　　　　　　　　　　　B. 监事会

  C. 董事会秘书　　　　　　　　　D. 董事会

25. 投保人于某在为被保险人李某投保人身保险时，故意虚报李某的年龄为 58 岁（实际年龄为 62 岁），而保险合同约定的被保险人的最高承保年龄为 60 岁。下列关于保险人可否解除合同的表述中，符合保险法律制度规定的是（　　）。

  A. 可以解除合同，并退还保险费

  B. 可以解除合同，并要求投保人承担违约责任

  C. 可以解除合同，并按照合同约定退还保险单的现金价值

  D. 不可以解除合同，但可要求投保人按照真实年龄调整保险费

26. 根据保险法律制度的规定，采用保险人提供的格式条款订立的保险合同，保险人与投保人、被保险人或者受益人对合同条款有争议的，应当适用的解释规则是（　　）。

  A. 按照通常理解予以解释

  B. 按照有利于保险人解释

  C. 按照有利于投保人解释

  D. 按照有利于被保险人或者受益人解释

27. 各级决算经批准后，财政部门应当在（　　）日内向本级各部门批复决算。各部门应当在接到本级政府财政部门批复的本部门决算后（　　）日内向所属单位批复决算。

  A. 30；20　　　　B. 30；10　　　　C. 20；15　　　　D. 5；20

28. 根据预算法律制度的规定，下列关于预算周转金和预算稳定调节基金的表述中，不正确的是（　　）。

  A. 各级一般公共预算按照国务院的规定可以设置预算周转金，用于当年预算执行中的自然灾害等突发事件处理增加的支出及其他难以预见的开支

  B. 经本级政府批准，各级政府财政部门可以设置预算周转金，额度不得超过本级一般公共预算支出总额的1%

  C. 年度终了时，各级政府财政部门可以将预算周转金收回并用于补充预算稳定调节基金

  D. 各级一般公共预算按照国务院的规定可以设置预算稳定调节基金，用于弥补以后年度预算资金的不足

29. 根据国有资产管理法律制度规定，下列行政事业性国有资产配置方式中，应当优先采取的配置资产方式是（　　）。

  A. 调剂　　　　　B. 建设　　　　　C. 购置　　　　　D. 租赁

30. 某市级单位委托集中采购机构通过公开招标方式确定该单位数据库系统开发服务供应商。招标公告发布后，甲公司为提高中标概率，与乙公司、丙公司商定组成联合体进行投标。根据政府采购法律制度的规定，下列表述中，正确的是（　　）。

  A. 以联合体形式进行政府采购的，甲公司、乙公司和丙公司其一应当具备供应商的法定条件

  B. 甲公司还可以单独作为一个供应商参加该项政府采购

  C. 联合体中有同类资质的供应商按照联合体分工承担相同工作的，应当按照资质等级较高的供应商确定资质等级

  D. 甲公司、乙公司和丙公司应当共同与采购人签订采购合同，就采购合同约定的事项对采购人承担连带责任

  二、多项选择题（本类题共 15 小题，每小题 2 分，共 30 分。每小题备选答案中，有两个或两个以上符合题意的正确答案。请至少选择两个答案，全部选对得满分，少选得相应分值，多选、错选、不选均不得分）

1. 根据民事诉讼法律制度的规定，下列说法中，正确的有（　　）。

  A. 适用小额诉讼程序审理的案件由审判员一人独任审理

  B. 涉及商业秘密的案件属于法定不公开的案件

  C. 不论案件是否公开审理，一律公开宣告判决

  D. 适用简易程序审理的案件一审终审

2. 根据民事法律制度的规定，下列人员中，属于完全民事行为能力人的有（　　）。

  A. 张某今年 28 周岁，身体健康，一直没找工作，靠父母的养老金过活

  B. 朱某今年 16 周岁，在小商品市场摆摊为生，以自己的劳动收入为主要生活来源

  C. 王奶奶今年 80 周岁，突发心梗，经抢救后成为植物人

  D. 童星李某今年 6 周岁，多次参演电视剧，平均每月收入 3 万元

3. 根据公司法律制度的规定，A 有限责任公司作出的下列决议中，不成立的有（　　）。

A. 决议内容违反行政法规

B. 决议内容违反公司章程

C. 股东会会议未对决议事项进行表决

D. 未召开董事会会议作出决议

4. 张某、王某约定由王某代为持有张某在甲有限责任公司的股权，但投资收益由实际投资人张某享有。协议并无其他违法情形。后王某未经张某同意，将其代持的部分股权以合理价格转让给公司外的李某，李某不知道王某是名义股东。根据公司法律制度的规定，下列表述中正确的有（　　）。

A. 张某、王某之间的股权代持协议无效

B. 张某、王某之间的股权代持协议有效

C. 李某不能取得王某所转让的股权

D. 李某合法取得王某所转让的股权

5. 甲为某普通合伙企业合伙人，因个人原因欠合伙企业以外的第三人乙 10 万元。乙欠合伙企业货款 15 万元。现甲无力以个人财产清偿债务。乙的下列主张中，符合合伙企业法律制度规定的有（　　）。

A. 以其对甲的债权部分抵销其欠合伙企业的债务

B. 以甲从合伙企业中分得的利润偿付债务

C. 代位行使甲在合伙企业中的各项权利

D. 以甲在合伙企业中的财产份额偿付债务

6. 甲打算加入乙、丙的普通合伙企业。在以下各项要求中，属于甲入伙时需要满足的条件有（　　）。

A. 除合伙协议另有约定外，乙、丙应一致同意，并与甲签订书面的入伙协议

B. 乙、丙向甲告知合伙企业的经营状况和财务状况

C. 甲签订的入伙协议应当与原合伙协议事项一致，不得有变更

D. 甲对入伙前的该合伙企业的债务不承担连带责任

7. 2025 年 3 月 1 日，张某拾得吴某丢失的一幅名贵字画。3 月 10 日，张某将该字画转让给袁某。4 月 11 日，袁某将该字画交给拍卖行拍卖。4 月 15 日，李某通过拍卖取得了该字画。下列表述中，正确的有（　　）。

A. 吴某请求李某返还字画时，李某有权请求吴某支付其购买字画的费用

B. 吴某有权向张某请求双倍赔偿字画损失

C. 张某无权将字画转让给袁某

D. 吴某有权自知道或者应当知道受让人李某之日起 1 年内向李某请求返还字画

8. 甲租赁给乙一辆汽车，租赁期间制动故障，乙通知甲维修，但甲未予理睬，于是乙于 6 月 10 日自行维修，丙修理厂以乙未支付 4 月 10 日的汽车改装费为由将汽车留置。根据物权法律制度的规定，下列说法中，正确的有（　　）。

    A. 即使乙、丙不是企业，丙仍可行使留置权

    B. 如果乙、丙均是企业，甲无权请求丙返还汽车

    C. 甲有权要求丙修理厂返还财产

    D. 由于留置的是第三人的财产，所以丙不可以行使留置权

9. 根据合同法律制度的规定，下列情形中，致使格式条款无效的有（　　）。

    A. 提供格式条款的一方不合理地减轻自己的责任

    B. 提供格式条款的一方排除对方当事人的主要权利

    C. 格式条款包含造成对方人身损害的免责格式条款

    D. 格式条款包含因故意或重大过失造成对方财产损失的免责格式条款

10. 2025 年 1 月 15 日，赵某向钱某借款，双方签订了借款合同。赵某请李某和孙某为该笔债务提供担保。1 月 18 日，钱某与李某签订抵押合同，以李某所有的一套房屋为抵押物，双方办理了抵押登记。1 月 20 日，孙某为该笔借款提供连带责任保证。因赵某拒绝还款，钱某向李某提出行使抵押权，并请求孙某承担保证责任。下列关于当事人权利义务的表述中，正确的有（　　）。

    A. 孙某享有先诉抗辩权

    B. 孙某承担保证责任后，有权向赵某进行追偿

    C. 李某承担担保责任后，有权向赵某进行追偿

    D. 钱某必须先行使抵押权，再要求孙某承担保证责任

11. 根据证券法律制度的规定，下列关于私募基金的表述中，正确的有（　　）。

    A. 私募基金应当向合格投资者募集或者转让，单只私募基金的投资者累计不得超过法律规定的人数

    B. 私募基金不得通过报刊电话、短信、即时通讯工具、电子邮件、传单，或者讲座、报告会、分析会等方式向不特定对象宣传推介

    C. 私募基金不得向投资者承诺最低收益，但是可以承诺保本

    D. 中国证监会负责审批非公开募集基金的发行

12. 根据保险法律制度的规定，下列保险合同中，保险责任开始后，合同当事人均不得解除的合同有（　　）。

    A. 职业责任保险合同　　　　　　　B. 货物运输保险合同

    C. 家庭财产保险合同　　　　　　　D. 运输工具航程保险合同

13. 我国预算包括（　　）。

    A. 一般公共预算　　　　　　　　　B. 政府性基金预算

    C. 国有资本经营预算　　　　　　　D. 社会保险基金预算

14. 根据国有资产管理法律制度的规定，未经履行出资人职责的机构同意，与关联方发生的下列交易中，应该禁止的有（　　）。

    A. 国有独资企业为关联方提供担保

    B. 国有独资企业与关联方共同出资设立企业

    C. 国有独资公司与关联方订立借款协议

D. 国有独资公司按照市场价格购买关联方的商品

15. 根据政府采购法律制度的规定，下列各项中，属于供应商应当具备的条件有（   ）。

A. 具有独立承担民事责任的能力

B. 具有 1 000 万元以上的注册资金

C. 具有履行合同所必需的设备和专业技术能力

D. 参与政府采购活动前 2 年内没有违法记录

三、判断题（本类题共 10 小题，每小题 1 分，共 10 分。请判断每小题的表述是否正确。每小题答题正确的得 1 分，错答、不答均不得分，也不扣分）

1. 涉及商业秘密的诉讼案件，一律不公开审理。   （   ）

2. 纳税人对税务机关对其逃税行为罚款的处罚决定不服的，既可以选择申请行政复议也可以直接向人民法院提起诉讼。   （   ）

3. 股东可以法律对权属有规定的数据作价出资。   （   ）

4. 全体合伙人共同执行合伙企业事务的，应由出资最多的合伙人对外代表合伙企业。   （   ）

5. 以建筑物抵押的，该建筑物占用范围内的建设用地使用权一并抵押。以建设用地使用权抵押的，该土地上的建筑物一并抵押。当事人以建设用地使用权依法设立抵押，抵押人以土地上存在违法的建筑物为由主张抵押合同无效的，人民法院应予支持。

　　　　　　　　　　　　　　　　　　　　　　　　　　　　　　　（   ）

6. 债务人将债务的全部或者部分转移给第三人的，债务人或者第三人可以催告债权人在合理期限内予以同意，债权人未作表示的，视为同意。   （   ）

7. 甲公司以厂房抵押向乙银行借款，双方签订了借款合同和抵押合同，则借款合同是主合同，抵押合同是从合同。   （   ）

8. 未经履行出资人职责的机构同意，国有独资公司的董事长不得兼任经理。

　　　　　　　　　　　　　　　　　　　　　　　　　　　　　　　（   ）

9. 保险人不得对被保险人的家庭成员或者其组成人员行使代位请求赔偿的权利。

　　　　　　　　　　　　　　　　　　　　　　　　　　　　　　　（   ）

10. 采购文件的保存期限自采购结束之日起至少保存 10 年。   （   ）

四、简答题（本类题共 3 小题，共 18 分。凡要求计算的，必须列出计算过程；计算结果出现两位以上小数的，均四舍五入保留小数点后两位小数。凡要求说明理由的，必须有相应的文字阐述）

1. 2025 年 1 月，甲、乙、丙、丁、戊共同出资设立 A 有限合伙企业（以下简称 A 企业），从事产业投资活动。其中，甲、乙、丙为普通合伙人，丁、戊为有限合伙人。丙负责执行合伙事务。

2025 年 2 月，丙请丁物色一家会计师事务所，以承办本企业的审计业务。丁在合伙人会议上提议聘请自己曾任合伙人的 B 会计师事务所。对此，丙、戊表示同意，甲、乙则以丁是有限合伙人、不应参与执行合伙事务为由表示反对。A 企业的合伙协议未对聘请会计师事务所的表决办法作出约定。

2025 年 4 月，戊又与他人共同设立从事产业投资的 C 有限合伙企业（以下简称 C 企业），并任执行合伙人。后因 C 企业开始涉足 A 企业的主要投资领域，甲、乙、丙认为戊违反竞业禁止义务，要求戊从 A 企业退出。

戊以合伙协议并未对此作出约定为由予以拒绝。

要求：根据上述资料和合伙企业法律制度的规定，不考虑其他因素，分别回答下列问题。

（1）甲、乙反对丁提议 B 会计师事务所承办 A 企业审计业务的理由是否成立？并说明理由。

（2）在甲、乙反对，其他合伙人同意的情况下，丁关于聘请 B 会计师事务所承办 A 企业审计业务的提议能否通过？并说明理由。

（3）甲、乙、丙关于戊违反竞业禁止义务的主张是否成立？并说明理由。

2. 2025 年 2 月 1 日，甲公司向乙银行贷款 100 万元，期限 7 个月，签订抵押合同约定甲公司以现有的和在贷款清偿前可获得的生产设备、原材料、半成品和产品为乙银行设立浮动抵押，当天合同签字生效。2024 年 2 月 10 日，办理抵押登记。

2025 年 6 月 20 日，丙公司将 M 设备赊销给甲公司。6 月 22 日，甲公司与丙公司签订抵押合同约定，在 M 设备上设立抵押权，用于担保购买 M 设备的价款。6 月 23 日，抵押合同生效。6 月 25 日丙公司交付 M 设备。6 月 27 日，办理抵押登记。

2025 年 8 月 1 日，甲公司将 M 设备出借给丁公司使用并约定由丁公司承担维修费用，丁公司在使用时出现故障，送到戊修理厂修理。8 月 25 日，丁公司不愿支付 5 万元修理费，戊将设备留置。甲主张设备不属于丁公司，戊无权留置。2024 年 9 月 1 日，甲公司无力清偿债务，乙银行和丙公司向人民法院诉讼，请求包含就 M 设备的拍卖价款优先于其他债权人受偿。

要求：根据上述资料和物权法律制度规定，不考虑其他因素，回答下列问题。

（1）丙公司抵押权设立的日期是哪一天？

（2）甲公司以丁公司并非设备的所有人为由主张戊维修厂无权对 M 设备留置，是否符合法律规定？并简要说明理由。

（3）乙银行主张对 M 设备的拍卖款优先于丙公司受偿，是否符合法律规定？并简要说明理由。

3. 2024 年 3 月 1 日，为支付工程款项，A 公司向 B 公司签发一张以甲银行为付款人、金额为 100 万元的银行承兑汇票，汇票到期日为 2024 年 9 月 1 日，甲银行作为承兑人在汇票上签章。

4 月 1 日，B 公司将该汇票背书转让给 C 公司，用于支付货款。后因 C 公司向 B 公司交付的货物存在严重质量问题，双方发生纠纷。

5 月 1 日，C 公司为支付广告费，将该汇票背书转让给 D 公司。D 公司负责人知悉

B、C 公司之间合同纠纷的详情，对该汇票产生疑虑，遂要求 C 公司的关联企业 E 公司与 D 公司签订了一份保证合同。保证合同约定，E 公司就 C 公司对 D 公司承担的票据责任提供连带责任保证。但 E 公司未在汇票上记载有关保证事项，也未签章。

6 月 1 日，D 公司将该汇票背书转让给 F 公司，以偿还所欠 F 公司的租金，F 公司对 B 公司与 C 公司之间的合同纠纷并不知情。

9 月 2 日，F 公司持该汇票向甲银行提示付款，甲银行以 A 公司银行账户余额不足为由拒绝付款。

F 公司遂向 B、D 公司追索。B 公司以 C 公司交付的货物存在严重质量问题为由，对 F 公司的追索予以拒绝。D 公司向 F 公司承担票据责任后，分别向 B、E 公司追索，B 公司仍以 C 公司交付的货物存在严重质量问题为由，对 D 公司的追索予以拒绝，E 公司亦拒绝。

要求：根据上述内容，分别回答下列问题。

（1）甲银行的拒付理由是否成立？并说明理由。

（2）B 公司拒绝 F 公司追索的理由是否成立？并说明理由。

（3）B 公司拒绝 D 公司追索的理由是否成立？并说明理由。

（4）D 公司能否要求 E 公司承担票据责任？并说明理由。

五、综合题（本类题共 1 题，共 12 分。凡要求计算的，必须列出计算过程；计算结果出现两位以上小数的，均四舍五入保留小数点后两位小数。凡要求说明理由的，必须有相应的文字阐述）

2022 年 2 月，赵某、钱某、孙某、李某、周某、吴某 6 位股东出资设立甲有限责任公司（以下简称甲公司），认缴出资比例分别为 20%、30%、5%、5%、15%、25%。公司对表决权的行使未做特殊规定。

2024 年初，孙某向乙公司借款 1 000 万元，借款期限为 1 年，借款利率为 15%，未约定逾期利率。乙公司要求孙某提供担保，孙某遂请求甲公司为其借款提供担保。经吴某提议，甲公司召开临时股东会为孙某担保作出决议。

赵某、吴某、李某、周某出席会议对此进行表决，赵某、吴某同意，但周某、李某不同意，甲公司股东会遂通过了为孙某通过的该项决议。周某要求甲公司以合理价格收购其股权。甲公司拒绝。

甲公司后与乙公司订立了保证合同，但未约定保证方式。

2025 年初，孙某未还款。乙公司催要，但孙某仍未还款。

2025 年 6 月，乙公司将孙某、甲公司诉至法院，要求孙某按照借款合同约定偿还借款本息，同时主张按照借款利率计算的未按时还款的逾期利息。

甲公司辩称，本公司享有先诉抗辩权，乙公司应先起诉孙某，强制执行后，对于孙某不能清偿的部分，方由本公司承担责任。

孙某辩称，借款合同约定 15% 的借款利率属于高利贷，应当按照银行同期贷款利率 6% 计算并支付利息，逾期利息亦应按此利率计算标准计算。

已知，2024年初一年期贷款市场报价利率为3.85%。

要求：根据上述案例及合同、公司法律制度的规定，分别回答下列问题。

（1）吴某是否有权提议召开临时股东会？简要说明理由。

（2）甲公司股东会通过为孙某提供担保的决议是否合法？简要说明理由。

（3）甲公司主张是否合法？简要说明理由。

（4）周某是否有权要求甲公司以合理价格收购其股权？简要说明理由。

（5）乙公司是否可以按照借款合同约定的利率要求孙某支付利息？简要说明理由。

（6）乙公司是否有权按借款合同约定利率要求孙某支付逾期利息？简要说明理由。

2025 年度中级会计资格
《经济法》全真模拟试题（四）

一、单项选择题（本类题共 30 小题，每小题 1 分，共 30 分。每小题备选答案中，只有一个符合题意的正确答案。错选、不选均不得分）

1. 根据仲裁法律制度的规定，下列仲裁协议中，有效的是（　　）。

    A. 赵某与钱某在合同中约定了有效的仲裁条款，因纠纷赵某行使法定解除权解除了该合同

    B. 刘某与 14 周岁的吴某因买卖合同纠纷订立的仲裁协议

    C. 郑某采取胁迫手段，迫使王某与其订立的仲裁协议

    D. 孙某与李某因继承纠纷订立的仲裁协议

2. 甲公司因逃税被税务机关罚款 10 万元，甲公司认为处罚过重，为此与税务机关产生争议，其解决争议应当选择的方式是（　　）。

    A. 经济仲裁　　　　　　　　　　B. 行政复议

    C. 行政诉讼　　　　　　　　　　D. 民事诉讼

3. 根据行政诉讼法律制度的规定，下列有关行政诉讼简易程序的说法中，不正确的是（　　）。

    A. 适用简易程序审理的行政案件，由审判员一人独任审理

    B. 适用简易程序审理的行政案件，应当在立案之日起 6 个月内审结

    C. 事实清楚、权利义务关系明确、争议不大的一审政府信息公开案件，可以适用简易程序审理

    D. 人民法院在审理过程中，发现案件不宜适用简易程序的，裁定转为普通程序

4. 公民、法人或者其他组织认为行政机关的具体行政行为所依据的规范性文件不合法，在对具体行政行为申请行政复议时，可以一并向行政复议机关提出对该规范性文件提出审查申请，该规范性文件不包括（　　）。

    A. 地市级人民政府工作部门的规定

    B. 国务院部门制定的规章

    C. 国务院部门的规定

　　D. 乡政府的规定

　5. 下列关于地域管辖的表述中，正确的是（　　　）。

　　A. 因合同纠纷提起的诉讼，只能由合同履行地人民法院管辖

　　B. 因保险合同纠纷提起的诉讼，由合同履行地人民法院管辖

　　C. 因票据权利纠纷提起的诉讼，由出票地人民法院管辖

　　D. 因侵权行为提起的诉讼，由侵权行为地或者被告住所地人民法院管辖

　6. 2025 年 1 月，赵某、钱某、孙某共同出资设立了一家有限责任公司，其中赵某以房屋作价出资 120 万元。2024 年 5 月，李某入股该公司。后查明，赵某出资的房屋价值仅为 100 万元。下列关于赵某出资不足的责任承担的表述中，正确的是（　　　）。

　　A. 应当由赵某补缴出资差额，钱某、孙某与李某承担连带责任

　　B. 应当由赵某补缴出资差额，钱某与孙某承担连带责任

　　C. 应当由赵某补缴出资差额，无法补足的，减少相应的公司注册资本

　　D. 应当由赵某补缴出资差额，钱某与孙某承担补充责任

　7. 甲有限责任公司由张某、李某、王某、赵某四人出资设立，四人出资比例分别是 10%、15%、20%、55%，公司章程规定，股东按照一人一票均等行使表决权。下列关于股东会的表述中，说法不正确的是（　　　）。

　　A. 张某、李某、王某、赵某均可召集并主持首次股东会会议

　　B. 张某、李某、王某、赵某均可提议召开股东会临时会议

　　C. 王某、赵某赞成即可通过增加注册资本的决议

　　D. 王某、赵某赞成即可通过修改公司章程的决议

　8. 甲股份有限公司 2025 年 6 月召开股东大会，选举公司董事。根据《公司法》的规定，下列人员中，不得担任该公司董事的是（　　　）。

　　A. 张某，因挪用财产被判处刑罚，执行期满已逾 6 年

　　B. 吴某，原系乙有限责任公司董事长，因其个人责任导致该公司破产，清算完结已逾 5 年

　　C. 储某，系丙有限责任公司控股股东，因决策失误，导致公司负有 300 万元到期不能清偿的债务

　　D. 杨某，原系丁有限责任公司法定代表人，因其个人责任导致该公司被吊销营业执照未逾 2 年

　9. 根据公司法律制度的规定，下列关于有限责任公司监事会及监事的表述中，正确的是（　　　）。

　　A. 监事会主席由股东会选举产生

　　B. 公司章程可以规定监事的任期为每届 5 年

　　C. 高级管理人员可以兼任监事

　　D. 规模较小的公司可以不设监事会

　10. 普通合伙企业有甲、乙、丙、丁四位合伙人，合伙协议约定，合伙企业债务由各合伙人平均承担。现该合伙企业无力清偿到期债务 12 万元，甲向债权人清偿了 9 万

元，乙向债权人清偿了 3 万元。根据合伙企业法律制度的规定，下列关于合伙企业债务内部追偿的表述中，正确的是（　　）。

    A. 甲无权向丙或丁追偿
    B. 甲可以向乙追偿 3 万元

    C. 甲可以向丙追偿 6 万元
    D. 甲可以向丁追偿 3 万元

11. 甲为某普通合伙企业的合伙人，该合伙企业经营手机销售业务。甲拟再设立一家经营手机销售业务的个人独资企业。下列关于甲能否设立该个人独资企业的表述中，符合《合伙企业法》规定的是（　　）。

    A. 甲经其他合伙人一致同意，可以设立该个人独资企业

    B. 甲可以设立该个人独资企业，除非合伙协议另有约定

    C. 甲如不执行合伙企业事务，就可以设立该个人独资企业

    D. 甲只要具有该合伙企业合伙人的身份，就不可以设立该个人独资企业

12. 2025 年 5 月 10 日，甲借用乙的一辆轿车，双方约定借期 1 个月。5 月 22 日，甲决定买下该轿车，于是发微信告知乙。5 月 23 日，乙回复同意。5 月 25 日，甲将购车款项通过银行转账方式支付给乙。根据物权法律制度的规定，甲取得该轿车所有权的时间是（　　）。

    A. 2025 年 5 月 10 日
    B. 2025 年 5 月 22 日

    C. 2025 年 5 月 23 日
    D. 2025 年 5 月 25 日

13. 朋友 6 人共同出资购买一辆大货车，未约定共有形式，且每人的出资额也不能确定。部分共有人欲对外转让该大货车。为避免该转让成为无权处分，在没有其他约定的情况下，根据物权法律制度的规定，同意转让的共有人至少应当达到的人数是（　　）人。

    A. 3
    B. 4
    C. 5
    D. 6

14. 甲公司为建设新生产线，以厂房作抵押，向乙公司借款 200 万元，后因市场疲软导致资金紧张，又先后向丙公司借款 200 万元、丁公司借款 350 万元。上述 3 笔借款已依次办理了抵押登记。后乙公司与丁公司商定交换各自抵押权的顺位，并办理了变更登记，但丙公司对此并不知情。因甲公司无力偿还三者的到期债务，债权人拍卖其厂房，拍得价款 400 万元。根据物权法律制度的规定，关于三家公司所获清偿的金额，根据物权法律制度的规定，下列各项中，正确的是（　　）。

    A. 乙公司得不到清偿、丙公司 50 万元、丁公司 350 万元

    B. 乙公司得不到清偿、丙公司 200 万元、丁公司 200 万元

    C. 乙公司得不到清偿、丙公司 350 万元、丁公司 50 万元

    D. 乙公司 200 万元、丙公司 200 万元、丁公司得不到清偿

15. 2024 年 5 月 15 日，甲租用乙的相机一台，双方约定租期 1 个月。5 月 22 日，甲决定买下该相机，遂向乙问询。5 月 23 日，乙回复同意。5 月 25 日，甲将款项通过微信转账方式支付给乙。根据物权法律制度的规定，甲取得该相机所有权的时间是（　　）。

    A. 5 月 15 日
    B. 5 月 22 日

C. 5 月 23 日　　　　　　　　　　　D. 5 月 25 日

16. 王某向赵某借款 20 万元，以其卡车抵押并办理了抵押登记。抵押期间，因发生交通事故，王某将该卡车送到甲修理厂修理。修理完毕，王某因无法支付 2 万元维修费，该卡车被甲修理厂留置。王某欠赵某的借款到期，赵某要求对该卡车行使抵押权，甲修理厂以王某欠修理费为由拒绝，双方发生争议。根据物权法律制度的规定，下列关于如何处理该争议的表述中，正确的是（　　　）。

　　A. 甲修理厂应同意赵某对该卡车行使抵押权，所欠修理费只能向王某要求清偿

　　B. 赵某应向甲修理厂支付修理费，之后甲修理厂向赵某交付该卡车

　　C. 如果经甲修理厂催告，王某 60 日后仍不支付修理费，甲修理厂有权行使留置权，所得价款偿付修理费后，剩余部分赵某有优先受偿权

　　D. 甲修理厂应将该卡车交给赵某行使抵押权，所得价款偿付借款后，剩余部分甲修理厂有优先受偿权

17. 甲公司与乙公司签订一份书面合同，约定：合同履行地点为 A 市，合同成立地点为 B 市。甲公司在 C 市签字、盖章后邮寄给乙公司，乙公司在 D 市签字、盖章后将合同邮寄回甲公司。该合同的成立地点为（　　　）。

　　A. A 市　　　　　B. B 市　　　　　C. C 市　　　　　D. D 市

18. 陈某向李某借款 10 万元，并签订了借款合同。张某向李某单方面提交了保证书，但未约定保证方式，李某予以接受。借款到期后，陈某未清偿借款本息，经查，张某并不具有代偿能力。根据合同法律制度的规定，下列表述中，正确的是（　　　）。

　　A. 如陈某与李某之间并未约定利息，则陈某无须向李某支付借款利息

　　B. 张某可以以自己不具有代偿能力为由主张保证合同无效

　　C. 张某可以以自己未与李某签订保证合同为由主张保证合同不成立

　　D. 张某应承担连带责任保证

19. 根据合同法律制度的规定，下列有关债权人撤销权的说法中，正确的是（　　　）。

　　A. 债务人"以明显不合理价格交易"，有害于债权人债权的实现时，债权人可以行使撤销权，撤销债务人不当处分财产的行为

　　B. 债权人应以自己的名义行使撤销权，向被告住所地人民法院提起诉讼

　　C. 撤销权自债权人知道或者应当知道撤销事由之日起 5 年内行使

　　D. 债权人行使撤销权的必要费用，由受益人或受让人负担

20. 根据合同法律制度的规定，下列关于赠与合同撤销的表述中，不正确的是（　　　）。

　　A. 甲教培中心赠送乙小学的电教设备，在电教设备转移之前可以撤销赠与

　　B. 张三与徒弟李四签有扶养赠与房屋的合同，因李四不尽照顾义务，张三可以撤销赠与

　　C. 丙餐厅与当地打工子弟小学签有每年捐赠 20 万元的合同，后因经营不善丙餐厅处于停业状态，该赠与合同不得撤销

D. 赵某赠与孙子一套住房用于结婚并办理了公证，后发现孙子离婚但也不得撤销赠与

21. 甲房地产开发公司在预售某住宅小区的广告中，宣称小区开发规划范围内有幼儿园，引起购房者的特别关注，所预售的商品房一售而空，价格也比周边小区高出10%。但是，该小区商品房的预售合同中未对幼儿园作约定。甲公司交房时，购房者乙发现小区内并没有幼儿园，并且在调查后得知，甲公司报经批准的规划就是如此。下列关于甲公司和乙之间的房屋预售合同的表述中，正确的是（　　）。

A. 合同无效

B. 该房地产开发公司的销售广告属于要约邀请

C. 乙有权请求甲公司承担违约责任

D. 合同效力待定

22. 根据票据法律制度的规定，下列关于票据变造的表述中，错误的是（　　）。

A. 当事人签章在变造之前的，应按原记载的内容负责

B. 当事人签章在变造之后的，应按变造后的记载内容负责

C. 变更票据上的签章的，属于票据的变造

D. 无法辨别是在票据被变造之前或之后签章的，视同在变造之前签章

23. 下列关于票据的伪造及责任承担的表述中，符合票据法律制度规定的是（　　）。

A. 持票人行使追索权时，在票据上的真实签章人可以票据伪造为由进行抗辩

B. 票据伪造人应向持票人承担票据责任

C. 出票人假冒他人名义签发票据的行为属于票据伪造

D. 票据伪造人应向持票人承担票据责任

24. 下列关于上市公司收购要约的撤销与变更的表述中，符合证券法律制度规定的是（　　）。

A. 收购人在收购要约确定的承诺期限内，除非出现竞争要约，不得变更收购要约

B. 收购人需要变更收购要约的，只需通知被收购公司

C. 收购人在收购要约确定的承诺期限内，不得撤销其收购要约

D. 收购人在收购要约确定的承诺期限内，可在满足一定条件下撤销其收购要约

25. 根据证券法律制度的规定，下列人员中，不属于证券交易内幕信息的知情人员的是（　　）。

A. 上市公司的总会计师

B. 持有上市公司3%股份的股东

C. 上市公司控股的公司的董事

D. 上市公司的监事

26. 根据保险法律制度的规定，投保人在订立保险合同时故意或因重大过失未履行

如实告知义务, 足以影响保险人决定是否同意承保或提高保险费率的, 保险人有权解除合同, 保险人解除合同的权利, 自保险人知道有解除事由之日起超过一定期限不行使而消灭, 该期限为 ( )。

  A. 1 年   B. 30 日   C. 2 年   D. 3 个月

27. 根据预算法律制度的规定, 下列收入中, 不属于转移性收入的是 ( )。

  A. 调入资金

  B. 下级上解收入

  C. 上级税收返还和转移支付

  D. 行政事业性收费收入

28. 根据预算法律制度的规定, 我国预算年度起止期限是 ( )。

  A. 每年 1 月 1 日起至同年 12 月 31 日止

  B. 每年 4 月 1 日起至次年 3 月 31 日止

  C. 每年 6 月 1 日起至次年 5 月 31 日止

  D. 每年 10 月 1 日起至次年 9 月 30 日止

29. 根据国有资产管理法律制度的规定, 下列国有资本收入以及下列收入的支出, 不应当编制国有资本经营预算的是 ( )。

  A. 从国家出资企业分得的利润

  B. 国有资产出租收入

  C. 从国家出资企业取得的清算收入

  D. 其他国有资本收入

30. 根据政府采购法律制度的规定, 关于政府采购程序, 下列说法中, 不正确的是 ( )。

  A. 投标保证金可以以现金形式提交

  B. 货物和服务项目实行招标方式采购的, 自招标文件开始发出之日起至投标人提交投标文件截止之日止, 不得少于 20 日

  C. 采购人或者采购代理机构应当自中标通知书发出之日起 5 个工作日内退还未中标供应商的投标保证金

  D. 在询价中, 被询价的供应商应当一次报出不得更改的价格

二、多项选择题 (本类题共 15 小题, 每小题 2 分, 共 30 分。每小题备选答案中, 有两个或两个以上符合题意的正确答案。请至少选择两个答案, 全部选对得满分, 少选得相应分值, 多选、错选、不选均不得分)

1. 下列各项中, 属于单方法律行为的有 ( )。

  A. 委托代理的撤销   B. 无权代理的追认

  C. 解除权的行使   D. 赠与合同

2. 根据《民法典》的规定, 下列各项中, 属于可撤销合同的有 ( )。

  A. 一方以欺诈的手段订立合同, 损害对方利益

B. 限制民事行为能力人与他人订立的纯获利益的合同

C. 违反法律强制性规定的合同

D. 当事人在受到对方胁迫的情况下签订的合同

3. 公司申请登记或者备案的事项存在特定情形时，公司登记机关不予办理设立登记或者相关事项的变更登记及备案，该情形有（　　　）。

A. 公司名称不符合企业名称登记管理相关规定的

B. 公司注册资本明显异常，已经调整的

C. 涉及虚假登记的直接责任人 5 年前登记被撤销，再次申请登记的

D. 经营范围中属于在登记前依法须经批准的许可经营项目，未获得批准的

4. 根据公司法律制度的规定，下列各项中，属于有限责任公司的公司章程应当载明的事项有（　　　）。

A. 股东的出资额、出资方式和出资日期

B. 公司法定代表人的产生、变更办法

C. 公司经营范围

D. 公司注册资本

5. 根据合伙企业法律制度的规定，下列关于普通合伙企业设立的表述中，正确的有（　　　）。

A. 合伙协议经过全体合伙人签名、盖章后，还需要向登记机关备案方可生效

B. 合伙人可以用劳务出资，其评估办法由全体合伙人协商确定，并在合伙协议中载明

C. 公益性的事业单位不得成为普通合伙人

D. 合伙企业在领取营业执照之前，合伙人不得以合伙企业名义从事合伙业务

6. 根据物权法律制度的规定，下列情形中，当事人不得主张标的物返还请求权的有（　　　）。

A. 顾某偷走了孙某的高档手表，后该高档手表被顾某不慎掉入河中冲走，孙某请求顾某返还该高档手表

B. 王某委托蔡某保管婚戒，后来该婚戒被蔡某偷偷卖掉，受让人郭某对该婚戒不属于蔡某一事不知情，按市价支付，并取得该婚戒，王某可以向郭某主张返还

C. 陈某借给蒋某一台平板电脑，借期过后，蒋某谎称丢失，陈某请求蒋某返还平板电脑

D. 于某向金某购买机器设备一台，于某取得后即将机器设备转卖给徐某，并已交付，但于某一直未向金某交付价款，金某请求于某返还机器设备

7. 根据物权法律制度的规定，下列各项中，属于物权优先于债权之例外情形的有（　　　）。

A. "一物二卖"时，买受人因交付或登记而取得标的物的所有权

B. 房屋预售时，经过预告登记的买受人的债权具有排他效力

C. 租赁房屋抵押时，原租赁关系不受该抵押权的影响

D. 租赁房屋出卖时，承租人的租赁权不因租赁物所有权的变动而受影响

8. 2024 年 6 月钱某将房屋借用给孙某，借用期间约定为 1 年。2025 年 1 月，钱某将该房屋出售给王某，随后进行了产权转移登记。王某要求孙某返还房屋，孙某以借用期间尚未届满为由拒绝。关于本案，下列说法中正确的有（　　　）。

A. 2025 年 1 月，房屋所有权归属于王某

B. 2025 年 1 月，房屋所有权归属于钱某

C. 孙某有权拒绝返还房屋

D. 孙某无权拒绝返还房屋

9. 根据合同法律制度的规定，下列情形中，债务人可以将标的物提存的有（　　　）。

A. 债权人无正当理由拒绝受领合同标的

B. 债权人下落不明

C. 债权人死亡且未确定继承人

D. 债务人履行债务的费用过高

10. 陶某对周某享有 50 000 元债权，已到清偿期限，但周某一直宣称无能力清偿欠款。陶某经调查发现，周某对 A 公司享有 3 个月后到期的 7 000 元债权，钱某因赌博欠周某 8 000 元；另外，周某在半年前发生交通事故，因事故中的人身伤害对孙某享有 10 000 元债权，因事故中的财产损失对孙某享有 5 000 元债权，均已到期。周某无其他可供执行的财产，周某对其享有的债权都怠于行使。根据合同法律制度的规定，下列各项中，陶某不可以代位行使的债权有（　　　）。

A. 周某对 A 公司的 7 000 元债权

B. 周某对钱某的 8 000 元债权

C. 周某对孙某的 10 000 元债权

D. 周某对孙某的 5 000 元债权

11. 乙背书汇票给丙。丙见汇票出票人为在业内商誉不佳的甲，遂要求乙提供担保，乙请丁为该汇票作保证，丁在汇票背书栏签注"若甲出票不真实，本人愿意保证"。后经了解甲已停业整顿。根据票据法律制度的规定，下列表述中，不正确的有（　　　）。

A. 丁应承担一定赔偿责任

B. 丁只承担一般保证责任，不承担票据保证责任

C. 丁应当承担票据保证责任

D. 丁不承担任何责任

12. 下列各项中，属于我国目前在证券市场上发行和流通的证券有（　　　）。

A. 股票　　　　　B. 债券　　　　　C. 认股权证　　　　　D. 存托凭证

13. 下列情形中，保险人可以单方解除合同的有（　　　）。

A. 投保人故意制造保险事故的

B. 投保人对保险事故的发生有重大过失的

C. 投保人申报的被保险人年龄不真实，且真实年龄不符合合同约定的年龄限制的

D. 被保险人谎称发生保险事故，向保险人提出赔偿请求的

14. 根据预算法律制度的规定，预算年度开始后，各级预算草案在本级人民代表大会批准前，可以安排的支出有（   ）。

　　A. 上一年度结转的支出

　　B. 参照上一年同期的预算支出数额安排必须支付的本年度部门基本支出、项目支出，以及对下级政府的转移性支出

　　C. 法律规定必须履行支付义务的支出

　　D. 用于自然灾害等突发事件处理的支出

15. 根据政府采购法律制度的规定，下列情形中，采购人员及相关人员应当回避的有（   ）。

　　A. 采购人员及相关人员参加采购活动前 3 年内与供应商存在劳动关系

　　B. 采购人员及相关人员参加采购活动前 3 年内担任供应商的董事、监事

　　C. 采购人员及相关人员参加采购活动前 3 年内是供应商的控股股东或者实际控制人

　　D. 采购人员及相关人员与供应商的法定代表人或者负责人有夫妻、直系血亲、三代以内旁系血亲或者近姻亲关系

三、判断题（本类题共 10 小题，每小题 1 分，共 10 分。请判断每小题的表述是否正确。每小题答题正确的得 1 分，错答、不答均不得分，也不扣分）

1. 被代理人死亡后，被代理人的继承人承认的委托代理行为仍有效。　　　（　　）

2. 上级人民法院对下级人民法院已经发生法律效力的判决，发现确有错误的，有权指令下级人民法院再审。　　　（　　）

3. A 有限责任公司（以下简称 A 公司）成立后，董事会发现股东甲未按期足额缴纳公司章程规定的出资，A 公司向股东甲发出书面催缴书催缴出资，可以在催缴书中设定自公司发出催缴书之日起 30 日的宽恕期。　　　（　　）

4. 合伙企业不能清偿到期债务的，债权人可以向人民法院提出破产清算申请，也可以要求普通合伙人清偿。合伙企业依法被宣告破产后，普通合伙人对合伙企业债务就不再承担责任。　　　（　　）

5. 在购入或者以融资租赁方式承租教育设施、医疗卫生设施、养老服务设施和其他公益设施时，出卖人、出租人为担保价款或者租金实现而在该公益设施上保留所有权的担保无效。　　　（　　）

6. 小王全款购买首套房用于自住，到期房屋不能交付，小王主张自己的购房款返还请求权应当优先于其他债权。　　　（　　）

7. 承诺的内容应与要约的内容一致，否则视为新要约。　　　（　　）

8. 没有代理权而以代理人名义在票据上签章的，签章人应承担向持票人支付票据

金额的义务。　　　　　　　　　　　　　　　　　　　　　　　　　（　　）

9. 人寿保险合同的宽限期为自保险人催告之日起 30 日。　　　　　（　　）

10. 采购人应当自政府采购合同签订之日起 2 个工作日内，将政府采购合同在省级以上人民政府财政部门指定的媒体上公告，但政府采购合同中涉及国家秘密、商业秘密的内容除外。　　　　　　　　　　　　　　　　　　　　　　　　（　　）

四、简答题（本类题共 3 小题，共 18 分。凡要求计算的，必须列出计算过程；计算结果出现两位以上小数的，均四舍五入保留小数点后两位小数。凡要求说明理由的，必须有相应的文字阐述）

1. 2024 年 8 月 21 日，甲有限责任公司（以下简称甲公司）由赵某、钱某、孙某和乙公司实缴出资设立。赵某以一套商铺评估作价 200 万元出资，钱某以一组机器设备评估作价 100 万元出资，孙某以货币 40 万元出资，乙公司以土地使用权评估作价 90 万元出资。甲公司章程规定股东按照出资比例行使表决权和分红权，对其他事项未作特别规定。

2025 年 9 月 8 日，甲公司向丙公司采购一批货物，约定 1 个月内支付 1 000 万元货款。2025 年 10 月 8 日，丙公司了解到甲公司的经营状况不佳，遂要求甲公司尽快支付货款。甲公司表示账面仅有 200 万元，无力支付全部货款，请求丙公司宽限几个月。丙公司拟请求甲公司提供担保，调查后发现：

（1）赵某虽然于 2024 年 9 月 1 日将上述商铺交付甲公司使用，但一直未办理不动产物权转移登记手续；

（2）钱某出资的机器设备因为市场变化发生贬值，2025 年 10 月的公允价仅为 50 万元；

（3）乙公司的出资形式为划拨土地使用权。

2025 年 10 月 20 日，甲公司向人民法院提起诉讼，请求：

（1）认定赵某未履行出资义务，要求其补足出资；

（2）认定钱某出资额为 50 万元，要求其补足出资；

（3）认定乙公司未全面履行出资义务，要求其全面履行出资义务。

人民法院审理后，责令赵某和乙公司于 15 日内予以纠正。在该期限内，赵某办理了权属变更手续，乙公司未办理土地变更手续。

要求：根据上述资料和公司法律制度的规定，不考虑其他因素，回答下列问题。

（1）丙公司请求认定赵某未履行出资义务，人民法院是否应予支持？简要说明理由。

（2）丙公司请求钱某补足出资，人民法院是否应予支持？简要说明理由。

（3）丙公司请求认定乙公司未全面履行出资义务，人民法院是否应予支持？简要说明理由。

2. 2023 年 5 月，赵某、王某、李某共同出资设立了甲普通合伙企业（以下简称甲企业），合伙协议约定，由赵某执行合伙企业事务，且约定超过 20 万元的支出赵某无权自行决定。合伙协议就执行合伙事务的其他事项未作特别约定。

2024 年 3 月，赵某的朋友刘某拟从银行借款 10 万元，请求赵某为其提供担保。赵某自行决定以甲企业的名义为刘某提供了担保。

2025 年 4 月，赵某以甲企业的名义与孙某签订一份买卖合同，价款为 30 万元。合同签订后，甲企业认为该合同是张某超越权限订立的，合同无效。孙某向法院起诉。经查，孙某知悉赵某超越合伙协议对其权限的限制仍签订了该合同。王某、李某认为赵某签订买卖合同的行为不妥，决定撤销赵某对外签订合同的资格。

要求：根据上述资料和合伙企业法律制度的规定，不考虑其他因素，分别回答下列问题。

（1）赵某是否有权自行决定以合伙企业的名义为刘某提供担保？简要说明理由。

（2）甲企业主张买卖合同无效是否成立？简要说明理由。

（3）王某、李某是否有权撤销赵某对外签订合同的资格？简要说明理由。

3. 2025 年 1 月 10 日，甲公司为支付 100 万元货款，向乙公司签发一张经丁银行承兑的商业承兑汇票，汇票上记载的付款日期为 2025 年 4 月 30 日。

2025 年 2 月 10 日，乙公司为支付办公楼装修工程款，将该汇票背书转让给丙公司，同时在汇票上记载"装修验收合格后生效"的字样。

2025 年 5 月 15 日，丙公司持该汇票请求丁银行付款，丁银行认为丙公司未按期提示付款，拒绝付款。

要求：根据上述资料和票据法律制度的规定，不考虑其他因素，分别回答下列问题。

（1）乙公司在背书转让汇票时的相关记载是否有效？简要说明理由。

（2）丙公司提示付款的期限是否超过？法律是如何规定的？

（3）丁银行是否可以拒绝付款？简要说明理由。

五、综合题（本类题共 1 题，共 12 分。凡要求计算的，必须列出计算过程；计算结果出现两位以上小数的，均四舍五入保留小数点后两位小数。凡要求说明理由的，必须有相应的文字阐述）

2024 年 1 月 4 日，赵某向钱某表示希望借款 100 万元。钱某同意借款，但要求先扣除 5 万元利息，并且须为该笔借款提供抵押担保与保证担保。赵某愿以自有房屋 A 提供抵押，朋友孙某则愿提供保证。

2024 年 1 月 12 日，赵某与钱某签订书面借款合同，约定：借款金额 100 万元，借期 1 年，年利率 5%，届期一次性偿还。同日，孙某与钱某签订书面保证合同，约定孙某就赵某届期未能偿还的全部借款本息承担保证责任，但未约定保证方式；同时，赵某与钱某就房屋 A 签订书面抵押合同。次日，钱某扣除 5 万元利息后，向赵某汇款 95 万元。1 月 16 日，赵某与钱某就房屋 A 办理抵押登记。

2024 年 6 月 10 日，赵某欲将房屋以市价卖给李某，并将此事通知钱某，钱某未作回复。2024 年 6 月 18 日，赵某与李某签订书面房屋买卖合同，并于当日办理过户登记。

赵某届期未能偿还钱某借款。钱某要求保证人孙某承担保证责任，孙某提出如下抗辩：（1）钱某应当先就房屋 A 行使抵押权；（2）钱某未对赵某的其他财产依法强制执行用于清偿债务前，有权拒绝其请求。

经赵某劝说，孙某同意承担保证责任，但在计算作为保证责任范围的本息金额时，各方发生分歧。

要求：根据上述内容，分别回答下列问题。

（1）赵某与钱某之间的借款合同何时成立？并说明理由。

（2）钱某对赵某出售房屋之通知未作回复是否影响李某取得房屋 A 的所有权？并说明理由。

（3）钱某是否有权就房屋 A 实现抵押权？

（4）孙某第（1）项抗辩理由是否符合法律规定？简要说明理由。

（5）孙某第（2）项抗辩理由是否符合法律规定？简要说明理由。

（6）孙某须承担多少金额的保证责任？并说明理由。

2025 年度中级会计资格
《经济法》全真模拟试题（五）

一、单项选择题 （本类题共 30 小题，每小题 1 分，共 30 分。每小题备选答案中，只有一个符合题意的正确答案。错选、不选均不得分）

1. 下列情形中，属于有效法律行为的是（   ）。

   A. 甲、乙双方约定，若乙将甲的情敌殴打一顿，甲愿意支付一万元酬劳

   B. 三岁的小张和陈某签订合同，成年后将自己名下的房产无偿过户给陈某

   C. 王某因自己妻子病危急于凑医药费，将自己的房屋以市场价格卖给丁某

   D. 甲、乙双方签订了毒品交易合同

2. 根据仲裁法律制度的规定，下列说法中，正确的是（   ）。

   A. 限制民事行为能力人订立的仲裁协议为可撤销仲裁协议

   B. 仲裁裁决应当按照首席仲裁员的意见作出

   C. 当事人达成仲裁协议，一方向人民法院起诉未声明有仲裁协议，人民法院受理后，另一方在一审法庭辩论终结前提交仲裁协议的，人民法院应当驳回起诉

   D. 约定仲裁事项为继承纠纷的仲裁协议无效

3. 根据民事法律制度的规定，下列代理行为无效的是（   ）。

   A. 孙某受李某委托代为租赁房屋

   B. 赵某受钱某委托代为购买汽车

   C. 周某受吴某委托代为签订合同

   D. 郑某受王某委托代为订立遗嘱

4. 出国访学的甲回国后，发现邻居乙的房屋外墙摇摇欲坠，随时可能倒向自己的房屋，更发现乙存在擅自入住自己房屋、在自己房屋门口随意倾倒垃圾、毁坏自己房屋门窗等不当行为，遂向乙提出若干请求。根据基本民事法律制度的规定，下列请求权中，适用诉讼时效的是（   ）。

   A. 请求乙返还房屋

   B. 请求乙赔偿毁坏的门窗损失

   C. 请求乙加固其随时可能倒塌的房屋外墙

D. 请求乙停止在自己房屋门口倾倒垃圾

5. 根据行政复议法律制度的规定，下列关于行政复议的申请期限的说法中，正确的是（　　）。

A. 公民、法人或者其他组织认为行政行为侵犯其合法权益的，可以自知道或者应当知道该行政行为之日起 60 日内提出行政复议申请，但是法律规定的申请期限少于 60 日的除外

B. 行政机关作出行政行为时，未告知公民、法人或者其他组织申请行政复议的权利、行政复议机关和申请期限的，申请期限自行政行为作出之日起计算

C. 因不动产提出的行政复议申请自公民、法人或者其他组织知道行政行为作出之日起超过 20 年的，行政复议机关不予受理

D. 因不动产之外的其他纠纷提出的行政复议申请，自行政行为作出之日起超过 20 年的，行政复议机关不予受理

6. 根据公司法律制度的规定，下列关于分公司的表述中，正确的是（　　）。

A. 分公司有独立的名字

B. 分公司有独立的财产

C. 分公司有法人资格

D. 分公司的民事责任由总公司承担

7. 根据公司法律制度的规定，下列关于公司法人财产权的限制的说法中，不正确的是（　　）。

A. 公司向其他企业投资或者为他人提供担保，按照公司章程的规定，由董事会或者股东会决议

B. 公司为公司股东或者实际控制人提供担保的，应当经股东会决议

C. 公司为公司股东或者实际控制人提供担保的，接受担保的股东或者受接受担保的实际控制人支配的股东，可以参加前述规定事项的表决

D. 公司可以向其他企业投资；法律规定公司不得成为对所投资企业的债务承担连带责任的出资人的，从其规定

8. 下列事项中，对股东会该项决议投反对票的股东不能请求公司按照合理的价格收购其股权的是（　　）。

A. 甲有限责任公司连续 5 年盈利，并且符合法律规定的分配利润条件，但却连续 5 年不向股东分配利润

B. 乙有限责任公司与 A 有限责任公司合并

C. 丙有限责任公司将其生产产品出售给 B 公司

D. 丁有限责任公司章程规定的营业期限已经届满，但股东会会议作出决议修改了公司章程，延长营业期限 10 年

9. 某有限责任公司有甲、乙、丙三名股东。甲、乙各持 8% 的股权，丙持 84% 的股权，丙任执行董事。甲发现丙将公司资产以极低价格转让给其妻开办的公司，严重损害了本公司利益，遂书面请求监事会对丙提起诉讼。监事会予以拒绝。根据公司法

律制度的规定，下列表述中，正确的是（　　）。

  A. 甲可以提议召开临时股东会，要求丙对相关事项作出说明

  B. 甲可以请求公司以合理价格收购其股权，从而退出公司

  C. 甲可以以公司内部监督机制失灵、公司和股东利益严重受损为由，请求人民法院判决解散公司

  D. 甲可以以自己的名义对丙提起诉讼，要求其赔偿公司损失

10. 根据合伙企业法律制度的规定，下列不属于甲合伙企业财产的是（　　）。

  A. 合伙人孙某因车祸对王某的债权

  B. 甲合伙企业收到的财政补助款

  C. 甲合伙企业对乙公司的应收账款

  D. 合伙人李某出资的房屋

11. 下列有关普通合伙企业合伙事务执行的表述中，符合《合伙企业法》规定的是（　　）。

  A. 合伙人执行合伙企业事务享有同等的权利

  B. 合伙人可以自营与合伙企业相竞争的业务

  C. 不执行合伙企业事务的合伙人无权查阅合伙企业会计账簿

  D. 聘用非合伙人担任经营管理人员的，其在被聘用期间具有合伙人资格

12. 甲、乙为多年好友，他们一起买了一套二手老住房。关于他们之间关系的下列论述，正确的是（　　）。

  A. 如果没有约定，甲、乙对于房屋是共同共有关系

  B. 该房屋出租后，因年久失修墙体倒塌，砸毁承租人丙的汽车，甲、乙各按50%的比例承担赔偿责任

  C. 甲要出让其在房屋中的份额，但未通知乙，而且无法确定乙是否知道或者应当知道最终确定的同等条件的，乙行使优先受偿权的期限为甲的份额权属转移之日起6个月

  D. 如果乙的优先购买权受到侵害，可以请求认定甲的共有份额转让合同无效

13. 根据物权法律制度的规定，下列物中属于主物和从物关系的是（　　）。

  A. 台灯与桌子   B. 沙发与柜子

  C. 杯子与杯盖   D. 房屋与窗户

14. 根据物权法律制度的规定，下列财产中，可用于设立抵押权的是（　　）。

  A. 正在建造的船舶   B. 被法院查封的车辆

  C. 股票   D. 土地所有权

15. 根据物权法律制度的规定，下列关于用益物权的说法中，正确的是（　　）。

  A. 建设用地使用期满的，自动续期

  B. 登记是建设用地使用权转让的生效条件

  C. 林地的土地承包经营权的存续期限为30～50年

  D. 居住权可以转让、继承

16. 甲企业是一家化肥厂，其向乙银行借款时，将其 100 吨化肥存货以及 1 台持续使用的生产设备抵押给乙银行。双方签署了借款合同和抵押合同，并就上述抵押办理了抵押登记。抵押存续期间，张某和李某分别以市场价格将上述化肥以及设备买走。根据物权法律制度的规定，下列说法中，正确的是（　　　　）。

    A. 生产设备的抵押自办理抵押登记时设立

    B. 化肥的抵押自办理抵押登记时设立

    C. 甲企业不履行到期债务的，乙银行可以就张某买走的化肥行使抵押权

    D. 甲企业不履行到期债务的，乙银行可以就李某买走的设备行使抵押权

17. 张某向李某购买一台洗衣机，并与李某约定，在一周之内支付洗衣机价款。次日，张某与陶某约定，将上述付款债务全部转让给陶某，李某表示同意。付款期届满后，陶某并未支付洗衣机价款。下列有关违约责任承担的表述中，正确的是（　　　　）。

    A. 由张某承担   B. 由陶某承担

    C. 由张某和陶某承担   D. 由张某或陶某承担

18. 甲与乙签订了一份买卖合同，约定甲将其收藏的一件古董以 15 万元卖给乙。其后，甲将其对乙的 15 万元债权转让给丙并通知了乙。甲将古董依约交付给乙前，该古董因不可抗力灭失。根据《民法典》的规定，下列判断中，正确的是（　　　　）。

    A. 乙有权对甲主张解除合同，并拒绝丙的给付请求

    B. 乙有权对甲主张解除合同，但不得拒绝丙的给付请求

    C. 乙不得对甲主张解除合同，但可以拒绝丙的给付请求

    D. 乙不得对甲主张解除合同，但不得拒绝丙的给付请求

19. 下列各项中，不属于以书面形式订立合同的是（　　　　）。

    A. 双方通过信件方式订立合同

    B. 双方通过传真方式订立合同

    C. 双方通过电子邮件方式订立合同

    D. 双方通过电话交谈方式订立合同

20. 根据合同法律制度的规定，下列关于提存的法律效果的表述中，正确的是（　　　　）。

    A. 标的物提存后，毁损、灭失的风险由债务人承担

    B. 提存期间，标的物的孳息归债务人所有

    C. 提存费用由债权人负担

    D. 债权人提取提存物的权利，自提存之日起 2 年内不行使消灭

21. 下列选项中，一般保证的保证人可以行使先诉抗辩权的是（　　　　）。

    A. 甲债务人移居境外，且无财产可供执行

    B. 乙债务人破产案件被人民法院受理，中止执行程序

    C. 债权人有证据证明丙债务人丧失履行债务能力

    D. 丁保证人以口头形式放弃先诉抗辩权

22. 根据票据法律制度的规定，支票的下列记载事项中，可以由出票人授权补记的

是（　　　）。

    A. 出票日期　　　B. 出票人签章　　　C. 付款人名称　　　D. 金额

23. 根据证券法律制度的规定，下列各项中，属于可能对上市公司债券的交易价格产生较大影响的重大事件的是（　　　）。

    A. 公司债券信用评级发生变化

    B. 公司新增借款或者对外提供担保超过上年年末净资产的 10%

    C. 公司放弃债权或者财产超过上年年末净资产的 5%

    D. 公司发生超过上年年末净资产 5% 的重大损失

24. 上市公司面临严重财务困难，收购人提出的挽救公司的重组方案取得该公司股东大会批准，且收购人承诺一定期限内不转让其在该公司中所拥有的权益，收购人可以免于以要约方式增持股份。根据证券法律制度的规定，该一定期限是（　　　）年。

    A. 1　　　　　　B. 2　　　　　　C. 3　　　　　　D. 5

25. 2020 年 10 月，刘某为自己 18 岁的儿子投保了一份以死亡为给付保险金条件的保险合同。2023 年刘某的儿子因抑郁自杀身亡，刘某要求保险公司给付保险金。下列关于保险公司承担责任的表述中，符合保险法律制度规定的是（　　　）。

    A. 保险公司不承担给付保险金的责任，也不退还保险单的现金价值

    B. 保险公司应承担给付保险金的责任

    C. 保险公司不承担给付保险金的责任，但应退还保险单的现金价值

    D. 保险公司不承担给付保险金的责任，也不退还保险费

26. 人寿保险的被保险人或者受益人向保险人请求给付保险金的诉讼时效期间为（　　　）年，自其知道或者应当知道保险事故发生之日起计算。

    A. 2　　　　　　B. 3　　　　　　C. 4　　　　　　D. 5

27. 根据预算法律制度的规定，在预算的审查与批准中，国务院和县级以上地方各级政府对下一级政府依照预算法规定报送备案的预算，认为有同法律、行政法规相抵触或者有其他不适当之处，需要撤销批准预算的决议的，应当提请（　　　）。

    A. 本级人民代表大会常务委员会审议决定

    B. 上级人民代表大会常务委员会审议决定

    C. 下级人民代表大会常务委员会审议决定

    D. 全国人民代表大会常务委员会审议决定

28. 根据国有资产管理法律制度的规定，下列关于行政事业性国有资产使用的说法中，不正确的是（　　　）。

    A. 行政单位国有资产应当用于对外投资或者设立营利性组织

    B. 事业单位国有资产应当用于保障事业发展、提供公共服务

    C. 县级以上地方人民政府及其有关部门应当建立健全国有资产共享共用机制

    D. 行政单位国有资产应当用于本单位履行职能的需要

29. 根据政府采购法律制度的规定，下列关于公开招标的表述中，正确的是（　　　）。

  A. 采购人不得将应当以公开招标方式采购的货物或者服务化整为零的方式规避公开招标采购

  B. 地方招标项目招标文件规定的各项技术标准符合地方标准即可

  C. 进行公开招标的地方项目，应当明确只能由当地法人参加投标

  D. 应当采用公开招标方式的项目的具体数额标准，一律由国务院规定

30. 下列选项中，属于政府采购合同履行中，所有补充合同的采购金额不得超过原合同采购金额的（　　）。

  A. 20%   B. 10%   C. 15%   D. 5%

  二、多项选择题（本类题共 15 小题，每小题 2 分，共 30 分。每小题备选答案中，有两个或两个以上符合题意的正确答案。请至少选择两个答案，全部选对得满分，少选得相应分值，多选、错选、不选均不得分）

1. 根据民事诉讼法律制度的规定，当事人申请再审的下列情形中，人民法院不予受理的有（　　）。

  A. 再审申请被驳回后再次提出申请的

  B. 对再审判决提出申请的

  C. 对再审裁定提出申请的

  D. 在人民检察院对当事人的申请作出不予提出再审检察建议或者抗诉决定后又提出申请的

2. 下列各项中，允许转委托代理的有（　　）。

  A. 被代理人事先同意代理人转委托代理

  B. 代理人在外地出差，与被代理人联系告知其一周后返回

  C. 被代理人事后追认代理人转委托代理

  D. 代理人电话告知被代理人，自己陪亲属在医院进行治疗

3. 某上市公司董事会成员共 11 人，根据公司章程的规定就与其股东甲公司签订重要采购合同的事项召开临时董事会会议，其中董事李某是甲公司董事长，董事张某、刘某因故未出席本次会议，也未委托其他董事代为出席，表决时有 3 名董事投了反对票。根据公司法律制度的规定，下列表述中，正确的有（　　）。

  A. 该董事会会议由过半数的无关联关系董事出席，因此可以举行

  B. 该董事会会议决议经出席会议的无关联关系董事半数以上通过，该决议有效

  C. 该董事会会议决议未经无关联关系董事过半数通过，该决议无效

  D. 该董事会会议决议未经无关联关系董事过半数通过，该决议不成立

4. 根据公司法律制度的规定，下列关于公司解散的说法中，不正确的有（　　）。

  A. 甲有限责任公司的公司章程规定的营业期限届满后，已向股东分配了财产，仍可以通过修改公司章程存续

  B. 乙有限责任公司依法被吊销营业执照，应当解散

  C. 丙有限责任公司股东会决议解散，应当在 10 日内将解散事由通过国家企业

信用信息公示系统予以公示

    D. 丁有限责任公司的公司章程规定的营业期限届满，经过半数表决权的股东通过，可以继续存续

5. 下列关于股份有限公司公积金的表述中，符合《公司法》规定的有（　　　）。

    A. 公司分配当年税后利润时，应当提取利润的 8% 列入公司法定公积金

    B. 公司法定公积金累计额为公司注册资本的 50% 以上时，可以不再提取

    C. 公积金弥补公司亏损，应当先使用资本公积金；仍不能弥补的，可以按照规定使用任意公积金和法定公积金

    D. 公司发行无面额股所得股款未计入注册资本的金额，应列为资本公积金

6. 普通合伙企业，除合伙协议另有约定外，应经全体合伙人一致同意的事项有（　　　）。

    A. 合伙人对外转让其在合伙企业中的财产份额

    B. 修改或补充合伙协议

    C. 处分合伙企业的不动产

    D. 合伙人之间转让财产份额

7. 赵明父母在共同遗嘱中表示，二人共有的某处房产由赵明继承。赵明父母去世前，该房由赵明的弟弟赵亮借用，借用期未明确。2023 年 4 月，赵明父母先后去世，赵明一直未办理该房屋所有权转移登记，也未要求赵亮腾退房屋。2025 年 8 月，赵明因结婚要求赵亮腾退，赵亮拒绝搬出。根据物权法律制度的规定，下列说法中，不正确的有（　　　）。

    A. 因诉讼时效期间届满，赵明的房屋腾退请求不受法律保护

    B. 赵明因未办理房屋所有权转移登记，无权要求赵亮搬出

    C. 赵明已于 2023 年 4 月取得房屋所有权，有权要求赵亮腾退

    D. 赵明应当先办理所有权转移登记，凭其产权登记要求赵亮腾退

8. 王某将出租给李某的房屋作为贷款担保抵押给赵某，在债务履行期限届满后，王某不履行到期债务，赵某为行使抵押权请求人民法院将该房屋扣押，并通知了李某。根据物权法律制度的规定，下列说法中，不正确的有（　　　）。

    A. 自人民法院扣押该房屋之日起，赵某有权收取该房屋租金

    B. 该房屋抵押权自抵押合同生效时设立

    C. 自王某不履行到期债务之日起，赵某有权收取该房屋租金

    D. 该房屋租金属于天然孳息

9. 赵某、钱某双方签订合同，约定赵某承租钱某的房屋。租期届满后，赵某拒绝腾退房屋。此时，赵某对该房屋的占有属于（　　　）。

    A. 善意占有　　　　B. 恶意占有　　　　C. 直接占有　　　　D. 无权占有

10. 广州的甲公司拟向北京的乙公司购买机器设备。6 月 1 日，双方就相关买卖合同的内容协商一致，并约定以合同书的形式签订该买卖合同。6 月 3 日，甲公司在该合同书上加盖公章并向乙公司寄出。6 月 5 日，乙公司收到甲公司寄来的合同。6 月 6 日，

乙公司在该合同上加盖公章。已知，双方并未对该合同成立的时间和地点另做约定。根据合同法律制度的规定，下列说法中，正确的有（　　　）。

  A. 该合同成立的时间是 6 月 6 日

  B. 该合同成立的地点是北京

  C. 该合同成立的时间是 6 月 1 日

  D. 该合同成立的地点是广州

11. 下列情形中，属于合同解除法定事由的有（　　　）。

  A. 合同当事人一方的法定代表人变更

  B. 作为合同当事人一方的法人分立

  C. 由于不可抗力致使合同目的不能实现

  D. 合同当事人一方迟延履行债务致使合同目的不能实现

12. 根据票据法律制度的规定，下列关于本票的表述中，正确的有（　　　）。

  A. 本票自出票日起，最长付款期限为 3 个月

  B. "无条件支付的承诺" 是绝对记载事项之一

  C. 本票无须承兑

  D. 我国本票仅限于银行本票，且为记名本票

13. 根据证券法律制度的规定，下列情形中，适用《证券法》的有（　　　）。

  A. 证券投资基金份额的上市交易

  B. 政府债券的上市交易

  C. 存托凭证的发行和交易

  D. 公司债券的发行和交易

14. 根据预算法律制度的规定，下列收入中，属于转移性收入的有（　　　）。

  A. 无居民海岛的有偿使用收入

  B. 上级税收返还

  C. 下级上解收入

  D. 按照财政部规定列入转移性收入的无隶属关系政府的无偿援助

15. 根据企业国有资产法律制度的规定，重要的国有独资公司发生的下列事项中，需要由国有资产监督管理机构审核后，报本级人民政府批准的有（　　　）。

  A. 合并   B. 申请破产   C. 解散   D. 发行公司债券

三、判断题（本类题共 10 小题，每小题 1 分，共 10 分。请判断每小题的表述是否正确。每小题答题正确的得 1 分，错答、不答均不得分，也不扣分）

1. 划分法律部门的主要标准是法律规范所调整的社会关系。　　　　　　（　　　）

2. 代理人滥用代理权的形态主要包括自己代理、双方代理、与相对人恶意串通等。

                          （　　　）

3. 公司股东死亡、注销或者被撤销，导致公司无法办理注销登记的，只能由该股东股权的全体合法继受主体代为依法办理注销登记相关事项，并在注销决议上说明代

为办理注销登记的相关情况。 （ ）

4. 债权人可以直接依法请求人民法院强制执行有限合伙人在有限合伙企业中的财产份额用于清偿该合伙人与合伙企业无关的债务。 （ ）

5. 甲以自有的一辆汽车作为抵押向乙借款 50 万元，并在抵押合同中约定，甲不履行到期债务时抵押财产归乙所有，到期后，甲未还款，则汽车归乙所有。 （ ）

6. 对格式条款的理解发生争议的，应当首先作出不利于提供格式条款一方的解释。 （ ）

7. A 公司与 B 公司通过电子邮件签订的一次性餐具供应合同，属于书面形式的合同。 （ ）

8. 填明"现金"字样的银行本票丧失后，失票人不能申请公示催告。 （ ）

9. 在上市公司收购要约确定的承诺期限内，收购人有权撤销其收购要约。 （ ）

10. 在全国人民代表大会举行会议时，全国人大常委会向全国人大作关于中央和地方预算草案以及中央和地方预算执行情况的报告。 （ ）

四、简答题（本类题共 3 小题，共 18 分。凡要求计算的，必须列出计算过程；计算结果出现两位以上小数的，均四舍五入保留小数点后两位小数。凡要求说明理由的，必须有相应的文字阐述）

1. 2024 年 1 月，甲股份有限公司（以下简称甲公司）首次公开发行股份并在证券交易所交易。甲公司董事张某未持有甲公司股份，甲公司监事李某持有甲公司 10 万股股份，总经理王某持有甲公司 8 万股股份。公司章程对董事、监事、高级管理人员转让其所持有的本公司股份未作特别规定。

2024 年 4 月，为了增加员工对公司的信心，张某买入甲公司 5 万股股份。张某认为，只有转让股份才需要向公司报告，买入股份不需要报告，故未向甲公司报告其买入股份的行为。

2024 年 9 月，李某转让其持有的甲公司 2 万股股份。2024 年 12 月，公司总经理王某辞职。

因担心公司股价下跌，王某于 2025 年 4 月将其持有的甲公司 8 万股股份全部转让。

要求：根据上述资料及公司法律部制度的规定，不考虑其他因素，分别回答下列问题。

（1）张某不向甲公司报告其买入甲公司股份的行为，是否符合法律制度的规定？简要说明理由。

（2）李某转让其持有的甲公司 2 万股股份的行为，是否符合法律制度的规定？简要说明理由。

（3）王某转让其持有的甲公司 8 万股股份的行为，是否符合法律制度的规定？简要说明理由。

2. 2024 年 10 月，张某、李某、王某、于某四人出资设立甲普通合伙企业（以下简称甲企业）。合伙协议约定：（1）张某执行合伙事务，对外代表合伙企业，但张某对外订立合同标的额 50 万元以上时，应当经全体合伙人一致同意。（2）合伙人对外出质合伙份额须经全体合伙人一人一票过半数通过。

2025 年 1 月 8 日，张某代表甲企业与向阳公司签订买卖合同，货款 70 万元，张某自行决定订立该合同。3 月 8 日，合伙企业如约收到货物，但一直未付款。

2025 年 3 月，经全体合伙人同意，郑某加入合伙企业。

2025 年 5 月，向阳公司向甲企业催要上述到期货款，甲企业主张，张某未经其他合伙人一致同意，其超越权限订立的买卖合同无效。即使合同有效，因经营不善，本企业也无力偿还。

因郑某财力雄厚，向阳公司又要求郑某承担全部责任，郑某以债务发生时自己尚未加入合伙企业为由拒绝。

经查，向阳公司对甲企业在执行事务时对张某的限制并不知情。

要求：根据上述资料和合伙企业法律制度的规定，不考虑其他因素，分别回答下列问题。

（1）合伙协议中约定，"合伙人将其在普通合伙企业中的财产份额对外出质须经半数以上的合伙人同意"是否合法？简要说明理由。

（2）甲企业是否有权主张该合同无效？简要说明理由。

（3）郑某拒绝对向阳公司承担责任是否合法？简要说明理由。

3. 2025 年 1 月 5 日，张某在某汽车 4S 店购买了一辆汽车，同日在甲保险公司买了交强险和商业险。商业险于次日生效，保险期间为 2025 年 1 月 6 日至 2026 年 1 月 5 日，甲保险公司向张某履行了保险法规定的提示和明确说明义务。2025 年 3 月 5 日，张某将该汽车转让给王某，张某将车辆转让事项通知了甲保险公司；甲保险公司未答复。次日，王某酒后驾驶汽车，发生单方交通事故，遂向甲保险公司报告索赔，甲保险公司以王某并非被保险人为由拒绝向其理赔。甲保险公司同时提醒王某，根据保险合同中的免责条款，因酒驾而发生交通事故的，保险公司不予理赔。王某认为购买汽车商业险没有起到保障作用，且甲保险公司未向其提示或明确说明该免责条款，遂要求张某解除保险合同。

2025 年 3 月 10 日，张某以投保人的身份向甲保险公司提出解除保险合同，甲保险公司以保险责任已开始为由拒绝退还保险费。

要求：根据上述资料和保险法律制度的规定，不考虑其他因素，回答下列问题。

（1）甲保险公司以王某并非被保险人为由拒绝向其理赔，是否合法？简要说明理由。

（2）王某以甲保险公司未向其提示或明确说明该免责条款为由，主张条款不成为合同内容是否合法？简要说明理由。

（3）甲保险公司以保险责任已经开始为由拒绝退还保险费是否合法？简要说明理由。

五、综合题（本类题共 1 题，共 12 分。凡要求计算的，必须列出计算过程；计算结果出现两位以上小数的，均四舍五入保留小数点后两位小数。凡要求说明理由的，必须有相应的文字阐述）

2023 年 5 月 20 日，甲公司以自有的一辆机动车作为抵押向乙公司借款 20 万元，双方签订了书面借款合同和抵押合同。次日，双方办理了抵押登记。同年 7 月 5 日，甲公司将该机动车送到丙厂修理，丙厂修理后多次要求甲公司支付修理费用，未果。同年 8 月 17 日，丙厂通知甲公司，机动车已变卖，修理费已从所得价款中受偿。甲公司认为，丙厂在未与自己沟通的情况下擅自变卖机动车，于法无据。

2023 年 5 月 30 日，甲公司与赵某签订租赁合同，将房屋 A 出租给赵某，租期 5 年。2023 年 6 月 5 日，甲公司以房屋 A 为抵押向丁银行借款 500 万元，借期为 2 年，双方签订了书面借款合同和抵押合同。同年 6 月 20 日双方办理了抵押登记。

2023 年 6 月 10 日，甲公司以房屋 A 为抵押向戊银行借款 200 万元，借期为 2 年，双方签订了书面借款合同和抵押合同。同年 6 月 15 日双方办理了抵押登记。

2025 年 7 月，因甲公司无力偿还银行借款，丁银行诉至人民法院，请求就房屋 A 实现抵押权并从拍卖价款中优先受偿。房屋拍卖所得价款 650 万元，戊银行获悉该情况后，主张就拍卖价款优先于丁银行受偿。钱某拍得房屋 A 后，要求承租人赵某交还房屋。赵某以租期未到为由拒绝。

2025 年 10 月 5 日，钱某以 690 万元市价将房屋 A 转让给孙某。孙某无偿委托李某办理房屋所有权转移登记，工作人员误将房屋登记在李某名下。李某虽发现登记错误，仍保持沉默。

次日，李某向周某表示，愿以 200 万元的价格将房屋 A 转让周某。周某不知房屋登记错误，立即与李某签订了买卖合同，并办理登记。孙某得知后，向登记机关申请更正登记，并要求周某返还房屋，周某拒绝返还，孙某为此事支出律师费、交通费共计 2 万元。孙某随即以李某违反委托协议为由，要求李某为其讨回房屋，并赔偿已支出的律师费、交通费 2 万元。

要求：根据上述内容和合同、物权法律制度的规定，不考虑其他因素，分别回答下列问题。

（1）乙公司何时取得对机动车的抵押权？并说明理由。

（2）丙厂在未与甲公司事先沟通的情况下，变卖机动车并从所得价款中受偿修理费的行为是否有法律依据？并说明理由。

（3）租期未到的情况下，钱某是否有权要求赵某交还房屋 A？并说明理由。

（4）戊银行关于就拍卖价款优先于丁银行受偿的主张是否成立？并说明理由。

（5）孙某是否有权要求李某赔偿 2 万元律师费、交通费？并说明理由。

（6）周某能否取得房屋 A 的所有权？并说明理由。

2025 年度中级会计资格
《经济法》全真模拟试题（六）

一、单项选择题（本类题共 30 小题，每小题 1 分，共 30 分。每小题备选答案中，只有一个符合题意的正确答案。错选、不选均不得分）

1. 2024 年 11 月，14 岁的小林参加中学生科技创意大赛，其作品"厨房定时器"获得组委会奖励。张某对此非常感兴趣，现场支付给小林 2 万元，买下该作品的制作方法。根据民事法律制度的规定，下列关于该合同效力的表述中，正确的是（　　）。
   A. 该合同可撤销，因小林是限制民事行为能力人
   B. 该合同无效，因小林是限制民事行为能力人
   C. 该合同有效，因该合同对小林而言是纯获利益的
   D. 该合同效力待定，因需要由小林的法定代理人决定是否追认

2. 根据《行政诉讼法》的规定，公民、法人或者其他组织对下列事项提起的诉讼中，不属于人民法院行政诉讼受理范围的是（　　）。
   A. 认为行政机关侵犯其经营自主权的
   B. 认为行政机关未依法支付抚恤金的
   C. 认为国务院部门制定的规章不合法的
   D. 认为行政机关不依法履行土地房屋征收补偿协议的

3. 根据民事法律制度的规定，下列关于代理制度的表述中，正确的是（　　）。
   A. 代理行为的法律后果直接归属于代理人
   B. 代理人必须以自己的名义实施法律行为
   C. 代理行为包括传递信息等非独立进行意思表示的行为
   D. 代理人和第三人恶意串通，损害被代理人合法权益的，代理人和第三人应当承担连带责任

4. 根据民事法律制度的规定，下列关于最长诉讼时效的表述中，正确的是（　　）。
   A. 最长诉讼时效期间为 20 年
   B. 最长诉讼时效期间从权利人知道或者应当知道权利被侵害时起算
   C. 最长诉讼时效期间可中断、中止

D. 最长诉讼时效期间不可延长

5. 根据民事法律制度的规定，下列关于可撤销民事法律行为的表述中，正确的是（   ）。

A. 撤销权可由司法机关主动行使

B. 撤销权的行使不受时间限制

C. 行为在撤销前已经生效

D. 被撤销行为在撤销之前的效力不受影响

6. 甲有限责任公司成立于 2025 年 1 月 5 日。公司章程规定，股东乙以其名下的一套房产出资。乙于 1 月 7 日将房产交付公司，但未办理权属变更手续。5 月 9 日，股东丙诉至人民法院，要求乙履行出资义务。5 月 31 日，人民法院责令乙于 10 日内办理权属变更手续。6 月 6 日，乙完成办理权属变更手续。根据公司法律制度的规定，乙享有股东权利的起始日期是（   ）。

A. 1 月 7 日　　　　B. 1 月 5 日　　　　C. 6 月 6 日　　　　D. 5 月 31 日

7. 甲公司设置审计委员会行使监事会职权，关于甲公司备案事项的说法中，不正确的是（   ）。

A. 应当在进行董事备案时标明相关董事担任审计委员会成员的信息

B. 设立登记时应当依法对登记联络员进行备案

C. 登记联络员只能由公司法定代表人、董事、监事、高级管理人员担任

D. 登记联络员变更的，公司应当自变更之日起 30 日内向公司登记机关办理备案

8. 甲公司是一家上市公司，根据有关规定，下列人员中可以担任独立董事的是（   ）。

A. 担任甲公司附属企业总经理的赵某

B. 甲公司第三大股东钱某的儿子小钱某

C. 持有甲公司已发行股份 3% 的丙公司董事孙某的儿子

D. 持有甲公司 2% 股份的李某

9. 甲、乙、丙三人共同出资设立某普通合伙企业。合伙协议约定了认缴出资的比例，但实缴的出资比例与约定的比例不符。事务执行人甲在执行合伙企业事务时因为重大过失造成合伙企业亏损。合伙协议未约定合伙企业亏损分担比例，合伙人之间也不能通过协议达成一致。根据合伙企业法律制度的规定，下列关于合伙企业亏损分担的表述中，正确的是（   ）。

A. 由甲承担无限责任，乙、丙以其认缴的出资额为限承担有限责任

B. 甲、乙、丙三人平均分担

C. 按甲、乙、丙三人的实缴出资比例分担

D. 按甲、乙、丙三人的认缴出资比例分担

10. 赵某、刘某、郑某设立甲普通合伙企业（以下简称甲企业），后赵某因个人原因对张某负债 100 万元，且其自有资产不足以清偿，而张某欠甲企业 80 万元。下列关于张某对赵某债权实施方式的表述中，符合合伙企业法律制度规定的是（   ）。

A. 张某可请求将赵某从甲企业分取的收益用于清偿

B. 张某申请法院强制执行赵某在甲企业中的财产份额用于清偿的，人民法院不予支持

C. 张某可以其对赵某的债权抵销其对甲企业的债务

D. 张某可以代位行使赵某在甲企业中的权利

11. 甲、乙、丙、丁设立一有限合伙企业，其中甲、乙为普通合伙人，丙、丁为有限合伙人。一年后，甲转为有限合伙人，同时丙转为普通合伙人。合伙企业设立之初，企业欠银行50万元，该债务直至合伙企业被宣告破产仍未偿还。下列关于该50万元债务清偿责任的表述中，符合合伙企业法律制度规定的是（   ）。

A. 甲、乙承担无限连带责任，丙、丁以其出资额为限承担责任

B. 乙、丙承担无限连带责任，甲、丁以其出资额为限承担责任

C. 甲、乙、丙承担无限连带责任，丁以其出资额为限承担责任

D. 乙承担无限责任，甲、丙、丁以其出资额为限承担责任

12. 根据合伙企业法律制度的规定，下列情形中，不属于普通合伙企业的合伙人被除名的情形是（   ）。

A. 丁合伙人未履行出资义务

B. 丙合伙人个人丧失偿债能力

C. 甲合伙人在执行合伙事务中有侵占合伙企业财产的行为

D. 乙合伙人因重大过失给合伙企业造成损失

13. 根据物权法律制度的规定，出质人以仓单设立质权的，下列说法中正确的是（   ）。

A. 存货人或者仓单持有人在仓单上背书记载"质押"字样，并交付质权人即设立质权

B. 保管人为同一货物签发多份仓单，出质人在多份仓单上设立多个质权，按照交付的先后确定清偿顺序

C. 出质人既以仓单出质，又以仓储物设立担保，按照公示的先后确定清偿顺序

D. 在同一货物签发多份仓单设立多个质权的，债权人举证证明其损失系由出质人与保管人的共同行为所致，可以请求出质人与保管人各自承担责任

14. 根据物权法律制度的规定，下列关于物权变动效力的表述中，不正确的是（   ）。

A. 因人民政府的征收决定导致物权消灭的，自征收决定生效时发生效力

B. 因合法建造房屋设立物权的，自登记时发生效力

C. 因人民法院的法律文书导致物权转让的，自法律文书生效时发生效力

D. 动产物权转让前，权利人已经占有该动产的，物权自民事法律行为生效时发生效力

15. 金某在李某房屋旁边放置了一桶装满汽油的汽油桶，有可能会引发火灾。根据物权法律制度的规定，李某可以行使的物权保护方法是（   ）。

    A. 确认物权请求权   B. 妨害排除请求权

    C. 赔偿损失请求权   D. 消除危险请求权

16. 2025 年 6 月 1 日，张三向李四借款 15 万元，双方约定张三在 2025 年 12 月 1 日还本付息。张三以其自有的房屋作抵押并办理了抵押登记。该房在抵押前已出租给王五，租赁期为 2024 年 1 月 1 日至 2027 年 12 月 31 日。2025 年 12 月 1 日，张三到期未偿还借款本息。李四在实现抵押权时与王五发生纠纷。下列关于李四实现抵押权的表述中，符合民事法律制度规定的是（　　）。

    A. 李四自借款到期日起有权通知王五，要求收取租金用以偿还借款利息

    B. 李四有权主张租赁关系终止，因租赁关系存在使该房屋难以出售

    C. 李四有权主张租赁关系终止，因租赁关系不得对抗已登记的抵押权

    D. 李四无权主张租赁关系终止，因原租赁关系不受抵押权的影响

17. 根据物权法律制度的规定，抵押物折价或者拍卖、变卖所得的价款，当事人没有约定的，按（　　）的顺序清偿。

    A. 实现抵押权的费用，主债权的利息，主债权

    B. 实现抵押权的费用，主债权，主债权的利息

    C. 主债权，主债权的利息，实现抵押权的费用

    D. 主债权的利息，实现抵押权的费用，主债权

18. 根据合同法律制度的规定，下列情形中，出卖人应承担标的物损毁、灭失风险的是（　　）。

    A. 买受人下落不明，出卖人将标的物提存

    B. 标的物已经交付给买受人，但出卖人按照约定未交付标的物的单证

    C. 出卖人按照约定将标的物置于交付地点，约定时间已过，买受人未前往提货

    D. 标的物已运抵交付地点，买受人因标的物质量不合格致使不能实现合同目的而拒绝接受

19. 甲公司向乙银行申请贷款，还款日期为 2023 年 12 月 31 日。丙公司为该债务提供保证担保，约定保证方式为连带责任保证，但未约定保证期间。后甲公司申请展期，与乙银行就还款期限作了变更，还款期限延至 2024 年 8 月 1 日，但未征得丙公司的书面同意。展期到期，甲公司无力还款。2024 年 8 月 10 日，乙银行遂要求丙公司承担保证责任。根据合同法律制度的规定，下列关于丙公司是否承担保证责任的表述中，正确的是（　　）。

    A. 不承担，因为乙银行未在保证期间内请求丙公司承担保证责任

    B. 不承担，因为保证合同无效

    C. 应承担，因为保证合同有效

    D. 应承担，因为丙公司为连带责任保证人

20. 甲公司与乙公司签订 10 万元的借款合同，乙公司尚未还款，后债务因甲、乙公司合并为丙公司而终止。该债权债务关系终止的情形属于（　　）。

    A. 免除   B. 抵销   C. 法定解除   D. 混同

21. 张某向甲房地产公司购买一套总价款为300万元的房屋，合同约定定金数额为80万元，张某实际交付定金70万元。在该交易中，能够产生定金效力的金额为（　　）万元。

　　A. 50　　　　B. 60　　　　C. 70　　　　D. 80

22. 根据合同法律制度的规定，当事人就有关合同内容约定不明确的，可以协议补充，不能达成补充协议的，按照合同有关条款或者交易习惯确定，仍不能确定的，适用法定规则。下列关于该法定规则的表述中，正确的是（　　）。

　　A. 履行费用的负担不明确的，由接受履行一方承担

　　B. 履行方式不明确的，按照有利于实现合同目的的方式履行

　　C. 履行地点不明确，给付货币的，在支付货币一方所在地履行

　　D. 价款或者报酬不明确的，按照履行合同履行地的市场价格履行

23. 甲公司欠乙公司30万元货款，一直无力偿付。现与甲公司有关联关系的丙公司欠甲公司20万元且已到期，但甲公司明示放弃对丙公司的债权。对于甲公司放弃债权的行为，乙公司拟行使撤销权的下列表述中，正确的是（　　）。

　　A. 乙公司可以请求人民法院判令丙公司偿还乙公司20万元

　　B. 乙公司可以请求人民法院撤销甲公司放弃债权的行为

　　C. 乙公司行使撤销权的必要费用应由丙公司承担

　　D. 乙公司应在知道或应当知道甲公司放弃债权的2年内行使撤销权

24. 公司于2024年2月10日签发一张汇票给乙公司，付款日期为同年3月20日。乙公司将该汇票提示承兑后背书转让给丙公司，丙公司又将该汇票背书转让给丁公司。丁公司于同年3月23日向承兑人请求付款时遭到拒绝。根据《票据法》的规定，丁公司向甲公司行使追索权的期限是（　　）。

　　A. 自2024年2月10日至2026年2月10日

　　B. 自2024年3月20日至2026年3月20日

　　C. 自2024年3月23日至2024年9月23日

　　D. 自2024年3月23日至2024年6月23日

25. 根据证券法律制度的规定，下列关于注册程序的表述中，正确的是（　　）。

　　A. 发行人申请公开发行股票，依法采用承销方式的，应当聘请有资质的会计师事务所担任保荐人

　　B. 发行人申请首次公开发行股票，在提交申请文件后，还应按国务院证券监督管理机构的规定预先披露有关申请文件

　　C. 委托证券公司代销，并确定代销期限为6个月

　　D. 发行人公告公开发行募集文件前，拟将发行证券总额的10%自行卖给当地机构投资者

26. 下列有关保险代位求偿权的表述，正确的是（　　）。

　　A. 除被保险人的家庭成员或者其组成人员故意对保险标的损害而造成保险事故外，保险人不得对被保险人的家庭成员或者其组成人员行使代位求偿权

B. 保险人应当以被保险人的名义行使代位求偿权

C. 保险人向第三人行使代位求偿权时，被保险人应当向保险人提供必要的文件和所知道的有关情况

D. 被保险人因故意或者重大过失致使保险人未能行使或者未能全部行使代位求偿权的，保险人有权主张在其损失范围内扣减或者返还相应保险金

27. 甲、乙为夫妻关系，2021 年 1 月，甲为乙向 A 保险公司投保了以死亡为给付保险金条件的人身保险，并指定自己为受益人。同年 2 月，乙知悉上述情况，对此保单表示口头认可。2022 年 1 月，甲、乙离婚，保险公司主张此保险合同无效。下列说法中，不正确的是（　　）。

A. 甲为乙投保时，对其具有保险利益

B. 投保该保险时，应当经过乙同意并认可该保单

C. 乙事后以口头方式对该保单进行追认的行为有效

D. 保险公司有权主张保险合同无效

28. 根据预算法律制度的规定，审查和批准县级决算草案的机关是（　　）。

A. 县级人民政府

B. 县级人民代表大会常务委员会

C. 县级人民代表大会

D. 县级财政部门

29. 根据预算法律制度的规定，下列关于预算编制的表述中，不正确的是（　　）。

A. 政府全部收入均应列入预算，不得隐瞒、少列

B. 地方政府举借的债务只能用于公益性资本支出

C. 各级一般公共预算可以设置预备费

D. 各级一般公共预算可以设置预算周转金

30. 根据政府采购法律制度的规定，下列关于邀请招标的表述中，正确的是（　　）。

A. 采用邀请招标方式采购，资格预审公告的期限为 5 个工作日

B. 招标采购单位应从评审合格的投标人中选择资质级别最高的两家投标人，发出投标邀请书

C. 投标人应在资格预审公告期结束之日后 3 个工作日内提交履约保证金

D. 采用公开招标方式的费用占政府采购项目总价值比例过大的，可以采用邀请招标方式

二、多项选择题（本类题共 15 小题，每小题 2 分，共 30 分。每小题备选答案中，有两个或两个以上符合题意的正确答案。请至少选择两个答案，全部选对得满分，少选得相应分值，多选、错选、不选均不得分）

1. 根据仲裁法律制度的规定，下列各项中，属于仲裁裁决的法定撤销情形的有（　　）。

A. 仲裁的程序违反法定程序

B. 裁决所依据的证据是伪造的

C. 对方当事人隐瞒了足以影响公正裁决的证据

D. 仲裁员在仲裁该案时有索贿受贿、徇私舞弊、枉法裁决行为

2. 行政复议期间具体行政行为不停止执行，下列情形中，可以停止执行的有（　　）。

A. 行政复议机关认为需要停止执行的

B. 申请人要求停止执行的

C. 被申请人认为需要停止执行的

D. 法律规定停止执行的

3. 根据公司法律制度的规定，下列关于有限责任公司股东缴纳出资的表述中，正确的有（　　）。

A. 股东不按规定缴纳出资的，应向已按期足额缴纳出资的股东承担违约责任

B. 股东以货币出资的，应当将货币出资足额存入有限责任公司在银行设立的账户

C. 股东不按照规定缴纳出资的，应向公司足额缴纳

D. 股东以非货币财产出资的，应当依法办理其财产权的转移手续

4. 某有限责任公司有职工 500 人，设董事会，董事会成员有 10 人，设监事会，监事会成员有 5 人，监事会成员无职工代表，下列章程约定事项中，符合《公司法》相关规定的有（　　）。

A. 临时股东会可以由 2 名监事提议召开

B. 董事任期为 3 年，可连任

C. 监事任期为 2 年，可连任

D. 董事会成员中应该有职工代表

5. 赵某、钱某、孙某、李某拟成立甲有限合伙企业，其中孙某为有限合伙人，其他为普通合伙人。下列拟采取的出资方式中，符合法律规定的有（　　）。

A. 钱某以自有的一项专利权出资

B. 赵某以自有的一辆货车出资

C. 李某以自有的一套房屋出资

D. 孙某以其劳务出资

6. 李某、张某、王某是甲普通合伙企业的合伙人，三位合伙人一致同意李某担任甲企业的合伙事务执行人。合伙协议对合伙事务执行未作特别约定。下列关于各合伙人权利义务的表述中，正确的有（　　）。

A. 张某、王某有权监督李某执行合伙事务的情况

B. 张某、王某有权查甲企业的会计账簿

C. 李某可以甲企业的名义为第三人乙公司提供担保

D. 李某有义务向张某、王某报告甲企业的经营状况

7. 下列不动产物权的登记中，属于非基于法律行为发生物权变动的有（　　）。

A. 甲将继承所得房屋登记到自己名下

B. 根据人民法院生效判决书，将某房屋判归乙所有

C. 丙自建房屋

D. 丁、戊二人订立买卖合同买卖房屋，并完成房屋的转移登记

8. 甲出国前将古琴、油画及电脑交乙保管。后乙将古琴出借给丙，将油画赠送给丁，将电脑出质给戊。甲回国后发现以上事实。根据物权法律制度的规定，甲有权（　　　）。

A. 要求丙返还古琴 　　　　　　B. 要求丁返还油画

C. 要求戊返还电脑 　　　　　　D. 要求乙承担违约责任

9. 根据物权法律制度的规定，下列情形中，甲不享有留置权的有（　　　）。

A. 甲为乙修理汽车，乙拒付修理费，待乙前来提车时，甲将该汽车扣留

B. 甲为了迫使丙偿还欠款，强行将丙的一辆汽车拉走

C. 甲为丁有偿保管某物，保管期满，丁取走保管物却未支付保管费。于是，甲谎称丁取走的保管物有问题，要求丁送回调换。待丁送回该物，甲即予以扣留，要求丁支付保管费

D. 甲为了有偿保管某物，保管期未满，甲留置该物

10. 根据合同法律制度的规定，下列情形中，买受人应当承担标的物灭失风险的有（　　　）。

A. 合同约定卖方办理托运，出卖人已将标的物发运，即将到达约定的交付地点

B. 买卖双方未约定交付地点，出卖人将标的物交由承运人运输，货物在运输途中意外灭失

C. 约定在出卖人营业地交货，买受人未按约定时间前往提货，后货物在地震中灭失

D. 买受人下落不明，出卖人将标的物提存后意外灭失

11. 根据合同法律制度的规定，下列关于合同保全制度中撤销权行使的表述，正确的有（　　　）。

A. 债权人应以自己的名义行使撤销权

B. 债权人行使撤销权的必要费用，由债权人负担

C. 撤销权的行使范围以债权人的债权为限

D. 若债权人不知道且不应知道撤销事由的存在，自债务人行为发生之日起 5 年内没有行使撤销权的，撤销权消灭

12. 甲公司为清偿对乙公司的欠款，开出一张以乙公司为收款人的纸质银行承兑汇票，丙银行已经承兑。乙公司不慎将该汇票丢失，王某拾得后在汇票上伪造了乙公司的签章，并将该汇票背书转让给不知情的丁公司，用以支付购买丁公司电缆的货款。根据票据法律制度的规定，下列表述中，正确的有（　　　）。

A. 甲公司应当承担票据责任

B. 乙公司不承担票据责任

C. 丙银行应当承担票据责任

D. 王某应当承担票据责任

13. 2023 年 10 月，赵某为其儿子小赵购买了一份以死亡为给付保险金条件的人身保险，2024 年 4 月，小赵因失恋自杀身亡，赵某请求保险公司给付保险金。已知：小赵自杀时具有完全民事行为能力。下列关于保险公司承担责任的表述中，正确的有（   ）。

A. 保险公司应按照合同约定退还保险单的现金价值

B. 保险公司应承担给付保险金的责任

C. 保险公司应退还已缴纳的保险费

D. 保险公司不承担给付保险金的责任

14. 根据预算法律制度的规定，下列各项中，属于预算收支范围的有（   ）。

A. 一般公共预算收支

B. 政府性基金预算收支

C. 国有资本经营预算收支

D. 社会保险基金预算收支

15. 根据政府采购法律制度的规定，在招标采购中，下列情形应予废标的有（   ）。

A. 符合专业条件的供应商不足 3 家的

B. 出现影响采购公正的违法、违规行为的

C. 投标人的报价均超过了采购预算，采购人不能支付的

D. 因重大变故，取消采购任务的

三、判断题（本类题共 10 小题，每小题 1 分，共 10 分。请判断每小题的表述是否正确。每小题答题正确的得 1 分，错答、不答均不得分，也不扣分）

1. 仲裁裁决被人民法院依法裁定撤销或者不予执行的，当事人可以重新达成仲裁协议申请仲裁，但不能向人民法院起诉。（   ）

2. 2024 年 6 月 30 日前登记设立的公司，有限责任公司剩余认缴出资期限自 2027 年 7 月 1 日起超过 3 年的，应当在 2027 年 6 月 30 日前将其剩余认缴出资期限调整至 3 年内并记载于公司章程，股东应当在调整后的认缴出资期限内足额缴纳认缴的出资额。（   ）

3. 有限责任公司监事的任期每届为 3 年。监事任期届满，连选可以连任。（   ）

4. 执行事务合伙人依法进行的代表行为，对全体合伙人发生法律效力，其执行合伙事务所产生的收益归合伙企业，所产生的费用和亏损由执行人承担。（   ）

5. 同一财产既设立抵押权又设立质权的，债务人到期未能偿还债务，质权人优于抵押权人受偿。（   ）

6. 合同生效后，当事人就质量、价款或者报酬、履行地点等内容没有约定或者约

定不明确的，可以协议补充；不能达成补充协议的，应解除合同。　　　　（　　）

7. 租赁期限 6 个月以上的，应当采用书面形式。当事人未采用书面形式，无法确定租赁期限的，视为不定期租赁。　　　　（　　）

8. 票据到期日是电子商业汇票的相对记载事项。　　　　（　　）

9. 个人保险代理人在代为办理人寿保险业务时，可以同时接受两个以上保险人的委托。　　　　（　　）

10. 各部门及其所属单位应当按照国家规定设置行政事业性国有资产台账，依照国家统一的会计制度进行会计核算，不得形成账外资产。　　　　（　　）

四、简答题（本类题共 3 小题，共 18 分。凡要求计算的，必须列出计算过程；计算结果出现两位以上小数的，均四舍五入保留小数点后两位小数。凡要求说明理由的，必须有相应的文字阐述）

1. 甲股份有限公司（以下简称甲公司）于 2024 年 5 月上市，董事会成员为 9 人。2025 年甲公司召开了 3 次董事会，分别讨论的事项如下：

（1）2025 年 3 月讨论通过了为乙公司一次性提供融资担保 5 000 万元的决议，此时甲公司总资产为 1 亿元。

（2）2025 年 5 月拟提请股东会聘任丙公司的总经理李某担任甲公司独立董事，丙公司为甲公司第三大股东。

（3）2025 年 10 月讨论向丁公司投资的方案。参加会议的 5 名董事会成员中，有 3 人同时为丁公司董事，经参会董事一致同意，通过了向丁公司投资的方案。

要求：根据上述资料和《公司法》的有关规定，分别回答下列问题。

（1）甲公司董事会是否有权作出融资担保决议？简要说明理由。

（2）甲公司能否聘任李某担任本公司独立董事？简要说明理由。

（3）甲公司董事会通过向丁公司投资的方案是否合法？简要说明理由。

2. 2024 年 5 月 20 日，甲公司以自有的一辆机动车作为抵押向乙公司借款 20 万元，双方签订了书面借款合同和抵押合同。次日，双方办理了抵押登记。

5 月 30 日，甲公司与赵某签订租赁合同，将其所有的房屋出租给赵某，租期 5 年。

6 月 5 日，甲公司又以该房屋为抵押向丁银行借款 500 万元，借期为 1 年．双方签订了书面借款合同和抵押合同。同年 6 月 20 日双方办理了抵押登记。

6 月 10 日，甲公司又以该房屋为抵押向戊银行借款 200 万元，借期为 1 年，双方签订了书面借款合同和抵押合同。同年 6 月 15 日双方办理了抵押登记。

2025 年 7 月，因甲公司无力偿还银行借款，丁银行诉至人民法院，请求就抵押房屋实现抵押权并从拍卖价款中优先受偿。房屋拍卖得款 650 万元，戊银行获悉该情况后，主张就拍卖价款优先于丁银行受偿。钱某拍得房屋后，要求承租人赵某交还房屋。赵某以租期未到为由拒绝。

要求：根据上述资料和物权法律制度的规定，分别回答下列问题。

（1）乙公司何时取得对机动车的抵押权？并说明理由。

（2）租期未到的情况下，钱某是否有权要求赵某交还房屋？并说明理由。

（3）戊银行是否有权主张就拍卖价款优先于丁银行受偿？并说明理由。

3. A股份有限公司属于科创类企业（以下简称A公司），于2017年5月6日由B企业、C企业等6家企业作为发起人共同以发起设立方式成立，成立时的股本总额为8 200万股（每股面值为人民币1元，下同）。A公司在经营中发生下列业务：

（1）2023年6月9日，A公司获准首次发行5 000万股社会公众股，并于同年10月10日在证券交易所上市。此次发行完毕后，A公司的股本总额达到13 200万股。

（2）2025年3月，为扩大生产规模，A公司打算于2025年6月增发新股筹集资金。

在董事会草拟的方案中有以下几点：

①该次发行面值为4 000万元人民币的新股，全部向社会公开募集；

②在新股获准发行后，公告公开发行募集文件前，先将拟发行股票总额的20%卖给战略合作伙伴B公司，其余部分委托甲证券公司代销，并确定代销期限为100天。

要求：根据上述资料及相关法律规定，不考虑其他因素，分别回答下列问题。

（1）A公司首次发行上市后，其股本结构中社会公众股所占股本总额比例是否符合法律规定？简要说明理由。

（2）指出A公司董事会草拟的增发新股方案内容不符合法律规定之处，简要说明理由。

五、综合题（本类题共1题，共12分。凡要求计算的，必须列出计算过程；计算结果出现两位以上小数的，均四舍五入保留小数点后两位小数。凡要求说明理由的，必须有相应的文字阐述）

2024年6月，甲公司、乙公司、丙公司和张某共同投资设立丁有限责任公司（以下简称丁公司）。丁公司章程规定：

（1）公司注册资本500万元。

（2）甲公司以房屋作价150万元出资；乙公司以机器设备作价100万元出资；张某以货币100万元出资；丙公司出资150万元，首期以原材料作价100万元出资，余额50万元以特许经营权出资，2024年12月前缴足。

（3）公司设股东会，1名董事和1名监事。

（4）股东按照1∶1∶1∶1行使表决权。公司章程对出资及表决权事项未作其他特殊规定。公司设立后，甲公司、乙公司和张某按照公司章程的规定实际缴纳了出资，并办理了相关手续。丙公司按公司章程规定缴纳首期出资后，于2024年11月以特许经营权作价50万元缴足出资。

2025年6月，因股东之间经营理念存在诸多冲突且无法达成一致，张某提议解散丁公司。丁公司召开股东会就该事项进行表决。甲公司、乙公司和张某赞成，丙公司反对。于是股东会作出了解散丁公司的决议，丁公司进入清算程序。清算期间，清算组发现如下情况：

（1）由于市场行情变化，甲公司出资的房屋贬值 20 万元。

（2）乙公司出资时机器设备的实际价额为 80 万元，明显低于公司章程所定价额 100 万元。

清算组要求甲公司补足房屋贬值 20 万元，甲公司拒绝。清算组要求乙公司和其他股东对乙公司实际出资价额的不足，承担相应的民事责任。

要求：根据上述内容和公司法律制度的规定，分别回答下列问题：

（1）请指出丁公司出资方式中的不合法之处，简要说明理由。

（2）丁公司设 1 名执行董事和 1 名监事是否合法？简要说明理由。

（3）丁公司股东会作出解散公司的决议是否合法？简要说明理由。

（4）甲公司拒绝补足房屋贬值 20 万元是否合法？简要说明理由。

（5）对乙公司的实际出资价额的不足，乙公司和其他股东应分别承担什么民事责任？简要说明理由。

2025 年度中级会计资格
《经济法》全真模拟试题（七）

一、单项选择题（本类题共 30 小题，每小题 1 分，共 30 分。每小题备选答案中，只有一个符合题意的正确答案。错选、不选均不得分）

1. 下列各项中，属于社会法的是（　　）。
   A. 《中华人民共和国刑法》　　　　B. 《中华人民共和国劳动法》
   C. 《中华人民共和国人民调解法》　D. 《中华人民共和国仲裁法》

2. 根据民事诉讼法律制度的规定，下列关于审判监督程序的表述中，不正确的是（　　）。
   A. 最高人民法院对地方各级人民法院已经发生法律效力的判决，发现错误的，有权提审
   B. 当事人对已经发生法律效力的判决，认为有错误的，只能向上一级人民法院申请再审
   C. 当事人申请再审的，不停止判决的进行
   D. 再审申请被驳回后，当事人再次提出申请的，人民法院不予受理

3. 根据民事法律制度的规定，下列各项中，不属于委托代理终止的法定情形是（　　）。
   A. 代理人辞去委托
   B. 代理期间届满
   C. 被代理人取消委托
   D. 被代理人恢复民事行为能力

4. 根据《民事诉讼法》的规定，下列关于执行程序的表述中，不正确的是（　　）。
   A. 对发生法律效力的判决、裁定、调解书和其他应由人民法院执行的法律文书，当事人必须履行
   B. 对发生法律效力的判决，一方拒绝履行的，对方当事人可以向人民法院申请执行
   C. 申请执行人超过申请执行时效期间向人民法院申请强制执行的，人民法院不予受理

D. 被执行人履行全部或者部分义务后，又以不知道申请执行时效期间届满为由抗辩的，人民法院不予支持

5. 赵某对 P 省 Q 市税务局给予的行政处罚不服，申请行政复议。下列主体中，可以受理该行政复议的管辖机构是（　　）。

A. P 省人民政府　　　　　　　　　B. P 省税务局

C. Q 市人民政府　　　　　　　　　D. Q 市税务局

6. 根据行政复议法律制度的规定，下列纠纷处理，适用或议或诉的是（　　）。

A. 甲对市场监督管理局对其当场作出的行政处罚决定不服

B. 乙对市场监督管理局作出的《政府信息公开申请答复书》不予公开政府信息的决定不服

C. 丙对税务局对其征收税款、加收滞纳金的《税务处理决定书》不服

D. 丁对税务局对其偷税行为作出的《行政处罚决定书》不服

7. 赵某、钱某、孙某、谢某共同出资设立甲有限责任公司。股东谢某以房屋出资，经评估价值为 1 000 万元，已经办理了权属变更手续，公司章程和股东之间的协议未对出资事项作特别约定。公司设立后，丙加入甲公司。之后谢某出资的房屋因市场原因贬值，经评估价值为 800 万元，丙要求谢某承担补足出资责任，下列说法中正确的是（　　）。

A. 谢某应承担补足出资责任

B. 赵某、钱某、孙某承担连带责任

C. 谢某不承担补足出资责任

D. 赵某、钱某、孙某承担补充责任

8. 根据公司法律制度的规定，下列关于有限责任公司监事会及监事的表述中，正确的是（　　）。

A. 规模较小的公司可以不设监事会

B. 监事会主席由股东会选举产生

C. 高级管理人员可以兼任监事

D. 公司章程可以规定监事的任期为每届 5 年

9. 企业经营管理发生严重困难，继续存续对股东利益有重大影响，也无法通过其他途径解决，股东持有的表决权超过一定比例，可以申请人民法院解散，该比例是（　　）。

A. 3%　　　　　　B. 5%　　　　　　C. 10%　　　　　　D. 15%

10. 李四、李五、李六设立某普通合伙企业，委托李四担任合伙企业事务管理人，依据《合伙企业法》，下列表述中，错误的是（　　）。

A. 合伙人出资的评估作价可以由全体合伙人协商确定

B. 李四应当定期报告经营状况，李五、李六不再执行合伙事务

C. 合伙协议对合伙企业有关事项未约定且《合伙企业法》亦未规定时，实行全体合伙人过半数通过的表决办法

    D. 如果合伙企业注销，李五、李六对合伙企业存续期间的债务不再承担责任

11. 根据合伙企业法律制度的规定，下列各项中，属于合伙企业应当解散的法定情形是（　　）。

    A. 合伙企业严重亏损

    B. 过半数合伙人提议解散

    C. 合伙人已不具备法定人数满 20 天

    D. 合伙期限届满，合伙人决定不再经营

12. 根据物权法律制度规定，下列选项中属于禁止抵押的财产的是（　　）。

    A. 土地所有权　　　　　　　　　B. 正在建造的建筑物

    C. 海域使用权　　　　　　　　　D. 生产设备

13. 甲向乙借款 2 000 元，10 月 30 日双方签订了书面质押合同，约定甲将其一匹马作为质物交付给乙，11 月 1 日甲如期交付。11 月 30 日，该马产下小马一匹。根据物权法律制度的规定，下列表述中，正确的是（　　）。

    A. 质押合同的生效时间是 10 月 30 日

    B. 质押合同的生效时间是 11 月 1 日

    C. 小马的所有权归乙享有

    D. 小马不是质押标的

14. 甲家具厂与乙木材公司签订一份长期供货合同，合同约定：甲家具厂以自有的加工设备作为货款的抵押物，担保金额最高为 100 万元。在合同期限内，乙木材公司总计供货 20 次，货款总额为 250 万元；甲家具厂总计支付货款 80 万元，其余 120 万元无力偿还。根据物权法律制度的规定，乙木材公司享有优先受偿的数额是（　　）万元。

    A. 120　　　　　B. 80　　　　　C. 100　　　　　D. 250

15. 孙某将其所有的一辆小汽车出质给钱某。钱某经孙某同意，驾驶该辆小汽车与林某、赵某一起出游。林某驾驶的小汽车是其从甲公司租赁而来。赵某驾驶的小汽车为其同宿舍好友陈某所有，赵某未经陈某同意私自开走，赵某准备在陈某考试结束以后电话告知陈某。根据物权法律制度的规定，下列关于各主体占有类型的表述中，错误的是（　　）。

    A. 赵某对小汽车的占有属于恶意占有

    B. 孙某对小汽车的占有属于间接占有

    C. 林某对小汽车的占有属于自主占有

    D. 钱某对小汽车的占有属于有权占有

16. 甲将自有的房屋出售给乙，双方在 2024 年 12 月 1 日时签订了房屋买卖合同，2024 年 12 月 10 日，乙将首付款交付给甲，2024 年 12 月 15 日，甲将房屋腾空后交付给乙，2024 年 12 月 20 日甲与乙办理了产权过户手续。针对以上案例并结合物权法律制度的规定，下列说法中，正确的是（　　）。

    A. 甲和乙的买卖合同在 2024 年 12 月 20 日时生效

    B. 该房屋的所有权自 2024 年 12 月 15 日甲交付给乙时转移

C. 如果甲和乙未办理物权变更登记的，那么甲和乙之间签订的合同无效

D. 买卖合同在 2024 年 12 月 1 日时生效，房屋所有权自 2024 年 12 月 20 日起转移

17. 2023 年 1 月，甲公司向乙银行借款 20 万元，借款期限为 1 年。借款期满后，甲公司无力偿还借款本息，此时甲公司对丙公司享有到期债权 10 万元，却不积极主张，乙银行拟行使债权人代位权，下列关于乙银行行使债权人代位权的表述中，符合合同法律制度规定的是（　　）。

A. 乙银行可以直接以甲公司的名义行使对丙公司的债权

B. 乙银行行使代位权应取得甲公司的同意

C. 乙银行应自行承担行使代位权所支出的必要费用

D. 乙银行必须通过诉讼方式行使代位权

18. 张某向赵某购买一台车床，价款为 50 万元，合同履行前，赵某未经张某的同意，将价款债权转让给丁某，并通知张某直接向丁某付款。已知，张某与赵某未约定合同权利不得转让。下列关于赵某的转让行为效力的表述中，符合合同法律制度规定的是（　　）。

A. 赵某的转让行为无效，张某仍应向赵某付款

B. 赵某的转让行为有效，但如张某仍向赵某付款，可发生清偿效力

C. 赵某的转让行为有效，张某应向丁某付款

D. 赵某的转让行为效力待定，取决于张某是否表示同意

19. 甲欠乙到期货款 50 万元，丙欠甲到期借款 80 万元，甲从未向丙主张过返还。后乙向人民法院提起代位权诉讼，则乙的下列诉讼请求中，能够得到人民法院支持的是（　　）。

A. 请求丙向自己清偿 50 万元

B. 请求丙向自己清偿 80 万元

C. 诉讼费由甲承担

D. 请求丙向甲清偿 50 万元

20. 主合同有效而第三人提供的担保合同无效。根据担保法律制度的规定，下列表述中，不正确的是（　　）。

A. 债权人有过错而担保人无过错的，担保人不承担赔偿责任

B. 担保人有过错而债权人无过错的，担保人对债务人不能清偿的部分承担赔偿责任

C. 债权人与担保人均有过错的，担保人承担的赔偿责任不应超过债务人不能清偿部分的 1/3

D. 债权人与担保人均有过错的，担保人承担的赔偿责任不应超过债务人不能清偿部分的 1/2

21. 下列可依单方意思表示即可使合同关系失效的是（　　）。

A. 借款合同履行期间发生地震

B. 商品房买卖合同出卖人迟延交房

C. 房屋承租人未经出租人同意转租的

D. 所有权保留买卖合同的买受人将标的物出质的

22. 因债权人金某下落不明，债务人李某难以履行债务，遂依法将标的物提存，后该标的物意外灭失。下列关于标的物灭失责任承担的说法中，正确的是（　　）。

A. 金某承担　　　　　　　　　　　B. 李某承担

C. 提存机关承担　　　　　　　　　D. 金某与李某共同承担

23. 根据合同法律制度的规定，下列关于债权转让的表述中，不正确的是（　　）。

A. 当事人约定金钱债权不得转让的，不得对抗第三人

B. 当事人约定非金钱债权不得转让的，不得对抗善意第三人

C. 因债权转让增加的履行费用，由债务人负担

D. 债权人转让债权未通知债务人的，该转让对债务人不发生效力

24. 下列有关票据行为中，直接导致票据无效的是（　　）。

A. 承兑人在票据上的签章不符合规定

B. 出票人在票据上的签章不符合规定

C. 背书人为无民事行为能力人

D. 背书人在票据上的签章不符合规定

25. 根据证券法律制度的规定，下列各项中，属于欺诈客户行为的是（　　）。

A. 丙公司与戊公司串通相互交易以抬高证券价格

B. 乙上市公司在上市公告书中夸大净资产金额

C. 甲证券公司未经客户的委托，擅自为客户买卖证券

D. 丁公司董事赵某提前泄露公司增资计划以使李某获利

26. 根据保险价值在保险合同中是否先予确定进行分类，将保险合同分为（　　）。

A. 足额保险合同、不足额保险合同和超额保险合同

B. 定值保险合同和不定值保险合同

C. 人身保险合同和财产保险合同

D. 特定危险保险合同和一切险保险合同

27. 被保险人死亡后，在一定的情形下，人寿保险的保险金作为被保险人的遗产。下列各项中，不属于该情形的是（　　）。

A. 没有指定受益人

B. 受益人指定不明无法确定

C. 唯一受益人故意造成被保险人死亡

D. 唯一受益人与被保险人在同一事件中死亡，经确定被保险人死亡在先

28. 根据预算法律制度的相关规定，下列关于预算执行和调整的表述中，不正确的是（　　）。

A. 各级预算的收入和支出实行收付实现制

B. 中央预算的调整方案应当提请全国人民代表大会审查和批准

C. 在预算执行中，需要减少举借债务数额的，不需要进行预算调整

D. 各级一般公共预算年度执行中有超收收入的，只能用于冲减赤字或者补充预算稳定调节基金

29. 根据《企业国有资产法》的规定，国家出资企业的下列人员中，不由履行出资人职责的机构任免的是（　　）。

A. 国有独资公司的董事长

B. 国有资本参股公司的监事

C. 国有独资企业的经理

D. 国有独资企业的财务负责人

30. 根据政府采购法律制度的规定，下列各项中，不属于对供应商歧视或差别待遇的是（　　）。

A. 以特定行业的业绩、奖项作为加分条件或者中标、成交条件

B. 参与政府采购活动前 3 年内，在经营活动中没有重大违法记录

C. 就同一采购项目向供应商提供有差别的项目信息

D. 限定或者指定特定的专利、商标、品牌或者供应商

二、多项选择题（本类题共 15 小题，每小题 2 分，共 30 分。每小题备选答案中，有两个或两个以上符合题意的正确答案。请至少选择两个答案，全部选对得满分，少选得相应分值，多选、错选、不选均不得分）

1. 下列关于仲裁审理表述中，符合仲裁法律制度规定的有（　　）。

A. 仲裁庭由 3 名仲裁员组成合议仲裁庭

B. 仲裁员不实行回避制度

C. 仲裁庭认为有必要收集证据的，征得各方当事人意见后可以自行收集

D. 仲裁庭可以进行调解

2. 根据规定，合同虽然不违反法律、行政法规的强制性规定，但人民法院仍可依据"违背公序良俗的民事法律行为无效"的规定认定合同无效的情形有（　　）。

A. 合同影响经济安全

B. 合同影响公平竞争秩序

C. 合同背离社会公德

D. 合同有损人格尊严等违背善良风俗

3. 根据公司法律制度的规定，下列关于独立董事的表述中，不正确的有（　　）。

A. 独立董事连任时间不得超过 6 年

B. 独立董事原则上最多在 3 家上市公司兼任独立董事

C. 上市公司董事会成员中应当至少包括1/2 独立董事

D. 独立董事不得提议召开董事会

4. 甲、乙、丙三人共同出资设立 A 有限责任公司（以下简称 A 公司），在设立过程中甲、乙、丙分别以公司的名义，向 B 有限责任公司（以下简称 B 公司）购买了若

干辆公司用车未付款，签订了一整层写字楼的租赁合同，购买了若干台电脑。以下说法中正确的有（　　）。

A. 若 A 公司未成立，对于设立过程产生的债务由甲、乙、丙承担连带责任

B. 若 A 公司未成立，B 公司只能向有过错导致公司不能成立的发起人要求清偿债务

C. 甲、乙、丙为设立公司从事的民事活动，其法律后果由 A 公司承担

D. 如果因为甲的过错导致公司不能成立，乙、丙承担赔偿责任后，有权向甲追偿

5. 某普通合伙企业欠债权人一笔应付货款，对此，下列有关债务清偿的说法中，正确的有（　　）。

A. 首先以合伙企业的财产优先清偿，不足的部分，由各合伙人以其自有财产来清偿

B. 合伙人由于承担连带责任，所清偿数额超过其应分担的比例时，有权向其他合伙人追偿

C. 合伙企业的债权人对合伙企业所负债务，可以向任何一个合伙人主张

D. 合伙人分担合伙债务的比例，由合伙人平均分担

6. 2025 年 3 月 1 日，周某以其所有的一辆轿车设立抵押权，向吴某借款 10 万元，双方签订抵押合同但未办理抵押登记。3 月 23 日，周某为获得李某 20 万元的借款，又将该轿车抵押给李某，双方签订抵押合同并办理了抵押登记。4 月 10 日，该轿车因故障需要维修，周某将其送至王某处进行维修，周某一直未支付维修费用，王某遂将该轿车留置。上述债务均已到期，因周某无力偿还，该轿车被拍卖，吴某、李某、王某均主张就轿车拍卖价款优先受偿，根据物权法律制度的规定，下列关于债权人受偿顺序的表述中，正确的有（　　）。

A. 王某优先于李某受偿　　　　　　B. 李某优先于吴某受偿

C. 吴某优先于李某受偿　　　　　　D. 李某优先于王某受偿

7. 某农村养殖户张某为扩大规模向银行借款，欲以其财产设立浮动抵押。则下列说法中正确的有（　　）。

A. 张某可将存栏的养殖物作为抵押财产

B. 应当在中国人民银行征信中心动产融资统一登记公示系统办理登记

C. 抵押登记可对抗任何善意第三人

D. 如借款到期未还，抵押财产自借款到期时确定

8. 甲公司欠乙公司 30 万元，一直无力偿付，2021 年 1 月 10 日，甲公司将设备以低于市场交易价的 70% 转让给丙公司，对甲公司的这一行为，下列表述中，正确的有（　　）。

A. 如果丙公司知道甲公司所欠乙公司 30 万元无力清偿的情形，则乙公司有权行使债权人撤销权

B. 不论丙公司是否知情，乙公司均有权行使债权人撤销权

C. 如果乙公司有权撤销，则应当在 2023 年 1 月 10 日之前行使债权人撤销权

D. 乙公司行使债权人撤销权以 30 万元为限

9. 甲与乙签订了一份买卖合同，约定甲将其收藏的一幅名画以 20 万元卖给乙。其后，甲将其对乙的 20 万元债权转让给丙并通知了乙。甲将名画依约交付给乙前，该画因不可抗力灭失。根据合同法律制度的规定，下列表述中，不正确的有（　　）。

A. 乙对甲主张解除合同，并拒绝丙的给付请求

B. 乙对甲主张解除合同，但不得拒绝丙的给付请求

C. 乙不得对甲主张解除合同，但可以拒绝丙的给付请求

D. 乙不得对甲主张解除合同，也不得拒绝丙的给付请求

10. 根据《票据法》的规定，下列关于票据抗辩的限制的说法中，正确的有（　　）。

A. 票据债务人一般不得以自己与持票人的前手之间的抗辩事由对抗持票人

B. 凡是善意的、已付对价的正当持票人可以依法向票据上的一切债务人请求付款，不受前手权利瑕疵和前手相互间抗辩的影响

C. 持票人因税收、继承、赠与依法无偿取得票据的，票据债务人可以对抗持票人前手的抗辩事由对抗该持票人

D. 票据债务人一般不得以自己与出票人之间的抗辩事由对抗持票人

11. 下列各项中，符合境内发行人申请首次发行股票上市的市值及财务指标标准的有（　　）。

A. 最近 3 年净利润均为正且最近 3 年净利润累计不低于 1.5 亿元

B. 预计市值不低于 30 亿元且最近一年净利润为正

C. 预计市值不低于 100 亿元且最近一年净利润为正，最近一年营业收入不低于 10 亿元

D. 预计市值不低于 50 亿元，且最近一年净利润为正，最近一年营业收入不低于 6 亿元，最近 3 年经营活动产生的现金流量净额累计不低于 2.5 亿元

12. 赵某和其子小赵均患有先天性心脏病，2021 年 3 月赵某在其朋友侯某的劝说下决定投保重大疾病险，但在填写投保单时，故意隐瞒其患有先天性心脏病的事实，2021 年 5 月，保险公司正式承保。2023 年 6 月，赵某又为其子小赵投保重大疾病险，亦未如实告知病情，保险公司于当月正式承保。7 月赵某因突发心梗去世，其妻要求保险公司承担给付保险金的责任，当月，经医院检查保险公司得知了老赵和小赵均患病的事实，遂告知赵妻不予理赔；9 月小赵也因突发心梗死亡，保险公司亦不予理赔，赵妻诉至法院。则下列说法中正确的有（　　）。

A. 保险公司可以以赵某故意隐瞒自己的病情为由，解除合同并拒绝赔偿

B. 保险公司可以以赵某故意隐瞒小赵的病情为由，解除合同并拒绝赔偿

C. 保险公司应当支付赵某死亡的保险金

D. 保险公司应当支付小赵死亡的保险金

13. 根据预算法律制度的规定，县级以上各级人民代表大会常务委员会和乡、民族乡、镇人民代表大会应重点审查本级决算草案的内容。下列各项中属于该内容的

有（　　）。

  A. 资金结余情况

  B. 预算收入情况

  C. 财政转移支付安排执行情况

  D. 本级预备费使用情况

14. 根据行政事业性国有资产管理法律制度的规定，各部门及其所属行政事业单位发生的下列情形中，应当进行资产清查的有（　　）。

  A. 因自然灾害造成资产毁损、灭失

  B. 会计信息严重失真

  C. 发生重大资产调拨、划转

  D. 单位改制

15. 根据政府采购法律制度的规定，下列关于政府采购方式的表述中，正确的有（　　）。

  A. 公开招标应作为政府采购的主要方式

  B. 竞争性谈判的方式要求最少 2 家供应商，就采购事宜由采购人或采购代理机构与供应商分别进行一对一的谈判

  C. 只能从唯一供应商处采购的，可以采用单一来源采购的方式

  D. 具有特殊性，并且只能从有限范围的供应商处采购商品或服务的，可以采用邀请招标的方式

三、判断题（本类题共 10 小题，每小题 1 分，共 10 分。请判断每小题的表述是否正确。每小题答题正确的得 1 分，错答、不答均不得分，也不扣分）

1. 根据民事诉讼法律制度的规定，两个以上人民法院都有管辖权（共同管辖）的诉讼，原告可以向其中一个人民法院起诉；原告向两个以上有管辖权的人民法院起诉的，由最先受理的人民法院管辖。（　　）

2. 适用特别程序、督促程序、公示催告程序和简易程序中的小额诉讼程序审理的案件，实行两审终审制度。（　　）

3. 某中介机构明知申请人提交虚假材料进行公司登记，仍接受委托代为办理，应由公司登记机关没收其违法所得，并处 10 万元以下的罚款。（　　）

4. 甲有限合伙企业有限合伙人李某在合伙人会议上参与表决张某能否入伙成为甲企业普通合伙人，视为执行甲企业合伙事务。（　　）

5. 占有保护请求权是指占有人在占有被侵害时，得请求侵害人恢复其占有状态的权利。其中，占有人返还原物的请求权，自侵占之日起 2 年内未行使的，该请求权消灭。（　　）

6. 合同约定的违约金超过造成损失的 20% 的，人民法院一般可以认定为过分高于造成的损失。（　　）

7. 借款人未按照约定的借款用途使用借款的，贷款人可以停止发放借款，但不得

提前收回借款或者解除合同。   （   ）

8. 支票限于见票即付，不得另行记载付款日期。另行记载付款日期的，该支票无效。   （   ）

9. 国务院确定的关系国家安全的大型国家出资企业由国务院代表国家履行出资人职责。   （   ）

10. 招标采购单位应当在省级以上人民政府财政部门指定的政府采购信息媒体发布资格预审公告，公布投标人资格条件，资格预审公告的期限不得少于 5 个工作日。
                                                            （   ）

四、简答题（本类题共 3 小题，共 18 分。凡要求计算的，必须列出计算过程；计算结果出现两位以上小数的，均四舍五入保留小数点后两位小数。凡要求说明理由的，必须有相应的文字阐述）

1. 甲股份有限公司（以下简称甲公司）于 2024 年 1 月 1 日设立。王某、李某、周某为发起人。公司董事会由 10 名董事组成，其中王某任董事长，李某任副董事长。

公司准备于 2025 年 4 月 15 日召开股东会会议，按照规定通知各股东。股东赵某持股 4%，收到召开股东会会议的通知后，认为公司有良好的发展前景，于是向董事会提交增加注册资本，扩大公司经营规模的临时提案，董事李某认为赵某持股比例低于 5%，无权提出临时提案。

股东大会顺利召开，出席会议的股东合计持股 56%。会议讨论了赵某提出的增资事项，其中投赞成票的股东合计持股 30%，剩余股东投反对票。会议通过了增加注册资本以及其他事项，将各项决定作成会议记录，主持人、出席会议的董事在会议记录上签字。

要求：根据上述资料，结合公司法律相关制度的规定，不考虑其他因素，回答下列问题。

（1）董事李某的观点是否合理？请简要说明理由。

（2）股东会会议通过增加注册资本事项是否合理，请简要说明理由。

（3）会议记录由出席会议的董事签字的做法是否合理？请简要说明理由。

2. 甲公司向乙公司赊购了一辆大巴车，价款为 80 万元，《买卖合同》于 1 月 1 日签订，签订当日，乙公司向甲公司交付了大巴车。次日，为担保甲公司支付购买价款，双方又于车辆上牌照的同时办理了抵押登记手续。

2 月 1 日，甲公司因急需周转资金向丙公司借款 10 万元，以该大巴车设定抵押并办理了抵押登记。

3 月 1 日，甲公司将大巴车送至丁公司处保养，双方因保养费用发生纠纷，甲公司拒绝支付保养费，丁公司留置大巴车并通知甲公司于 3 个月内支付保养费，否则将拍卖大巴车以抵偿保养费。乙公司、丙公司得知大巴车被留置后，均主张甲公司的欠款已经到期，要求实现抵押权。

要求：根据上述资料和物权法律制度的规定，回答下列问题。

（1）甲公司何时取得大巴车的所有权？简要说明理由。

（2）丁公司能否在留置后立即拍卖、变卖大巴车实现留置权？简要说明理由。

（3）请指出该大巴车上乙公司、丙公司和丁公司的权利顺位？简要说明理由。

3. 2025年2月10日，甲公司向乙公司签发了一张80万元的商业承兑汇票，汇票到期日为8月10日。甲公司的母公司作为承兑人在汇票上签章。

3月10日，乙公司将该汇票背书转让给丙公司，用于支付货款，并在汇票上注明"货物验收合格后生效"，后丙公司的货物因存在严重质量问题未能通过验收。4月10日，丙公司将该汇票背书转让给丁公司，并在汇票上记载"不得转让"字样。5月10日，丁公司将该汇票背书转让给戊公司。

8月11日，戊公司向承兑人提示付款，承兑人以资金紧张为由拒绝付款。戊公司遂向甲公司、乙公司、丙公司及丁公司进行追索，均遭拒绝。其中，丙公司拒绝的理由是，本公司在汇票上记载有"不得转让"字样；乙公司拒绝的理由是，丙公司的货物未通过验收，不符合乙公司在汇票上注明的转让生效条件。

要求：根据上述资料和票据法律制度的规定，不考虑其他因素，回答下列问题。

（1）乙公司所作的"货物验收合格后生效"的记载是否具有票据法上的效力？简要说明理由。

（2）丙公司拒绝戊公司追索的理由是否成立？简要说明理由。

（3）乙公司拒绝戊公司追索的理由是否成立？简要说明理由。

五、综合题（本类题共1题，共12分。凡要求计算的，必须列出计算过程；计算结果出现两位以上小数的，均四舍五入保留小数点后两位小数。凡要求说明理由的，必须有相应的文字阐述）

甲公司于2019年以发起设立方式成立，2023年6月在上海证券交易所主板上市，2024年甲公司的部分业务如下：

（1）甲公司为顺利开展新业务，于2024年1月1日向丙公司借款1000万元，借期6个月，以自有的机器设备设定抵押。同时，丙公司与丁公司签订书面保证合同，合同约定丁公司为甲公司的该笔借款承担连带保证责任；当事人对债权实现顺位未作约定。2024年7月1日，甲公司无力偿还丙公司借款，丙公司考虑到拍卖设备比较烦琐，遂直接要求丁公司偿还借款，丁公司称应先对物保实现债权为由提出抗辩。

（2）甲公司的发起人之一赵某于2024年5月将其持有的部分股份协议转让给李某。

（3）甲公司2024年8月15日拟与侯某、张某共同出资设立普通合伙企业。

（4）甲公司曾于2021年与戊公司协商一致，以戊公司的名义购进一栋楼房，该楼房登记在戊公司名下，因甲公司与戊公司关系恶化，甲公司于2024年9月1日向法院起诉请求确认自己为所有权人。法院判决甲公司为该栋楼房所有权人，戊公司应及时办理转移登记。2024年10月8日，判决生效。戊公司一直不办理转移登记，且于2024年12月1日将房屋以合理的价格转让给善意的孙某，并于次日办理了登记事项。

（5）甲公司曾于 2023 年 8 月为高级管理人员钱某投保以死亡为给付保险金条件的保险合同，并经过被保险人钱某的同意，钱某于 2024 年 7 月因抑郁而自杀身亡，甲公司请求保险公司承担保险责任，保险公司拒绝。甲公司遂向被保险人钱某住所地人民法院提起诉讼。

要求：根据上述资料以及民事诉讼、合伙企业、公司、物权、合同、保险法律制度的规定，不考虑其他因素，回答下列问题。

（1）丁公司的抗辩是否合法？并说明理由。

（2）赵某转让股份给李某的行为是否符合法律规定？并说明理由。

（3）甲公司拟与侯某、张某共同出资设立普通合伙企业是否符合法律规定？并说明理由。

（4）孙某是否取得房屋所有权？并说明理由。

（5）保险公司拒绝承担保险责任是否符合法律规定？并说明理由。

（6）甲公司向被保险人钱某住所地人民法院提起诉讼是否符合法律规定？并说明理由。

2025 年度中级会计资格
《经济法》全真模拟试题（八）

一、单项选择题（本类题共 30 小题，每小题 1 分，共 30 分。每小题备选答案中，只有一个符合题意的正确答案。错选、不选均不得分）

1. 下列关于我国法律部门的表述中，正确的是（   ）。
   A. 宪法是保证其他法律有效实施的后盾
   B. 行政法包括有关行政管理主体、行政行为、行政程序以及行政监督等方面
   C. 国际法是中国特色社会主义法律体系的组成部分
   D. 行政法部门是由国务院制定的行政法规构成的法律规范

2. 根据民事法律制度的规定，下列各项中，属于民事法律行为的是（   ）。
   A. 金某砸碎刘某的古董花瓶
   B. 郭某陪金某游山玩水
   C. 崔某向陈某出售二手手机
   D. 于某观测黑洞

3. 根据民事诉讼法律制度的规定，下列案件中，可以独任审理的是（   ）。
   A. 涉及社会公共利益的案件
   B. 简易程序审理的案件
   C. 选民资格案件
   D. 公示催告程序除权判决阶段审理的案件

4. 下列纠纷中，当事人不能向行政复议机关申请行政复议的是（   ）。
   A. 李某对公安机关作出的给予其行政拘留决定不服引起的纠纷
   B. 甲公司对行政机关作出的查封其财产的行政强制措施决定不服引起的纠纷
   C. 杨某对所任职的税务局作出的免除其职务的决定不服引起的纠纷
   D. 乙公司对市场监督管理局作出的吊销其餐饮服务许可证决定不服引起的纠纷

5. 根据行政诉讼法律制度的规定，下列各项中，第一审行政案件由中级人民法院管辖的是（   ）。
   A. 某商场认为某教育局应当偿还所欠的购货款

B. 某税务局工作人员吴某认为税务局对其作出的记过处分违法

C. 李某认为某公安局对其罚款的处罚决定违法

D. 甲公司对海关报关过程中侵权行为提出行政诉讼

6. 根据公司法律制度的规定，下列人员中，符合公司董事、监事、高级管理人员任职资格的是（　　　）。

A. 张某，曾为甲大学教授，现已退休

B. 王某，曾为乙企业董事长，因其决策失误导致乙企业破产清算，自乙企业破产清算完结之日起未逾 3 年

C. 李某，曾为丙公司董事，因贷款炒股，个人负到期债务 1 000 万元尚未偿还，被列为失信被执行人

D. 赵某，曾担任丁国有企业总会计师，因贪污罪被判处有期徒刑，执行期满未逾 5 年

7. 根据公司法律制度的规定，公司的公积金应当按照规定用途使用。下列不属于公积金用途的是（　　　）。

A. 转增注册资本　　　　　　　　B. 向股东分配利润

C. 弥补亏损　　　　　　　　　　D. 扩大生产经营

8. 2024 年 5 月，甲股份有限公司（以下简称甲公司）董事长王某违反公司章程规定将公司 800 万元资金投入某网络借贷平台。2025 年 7 月，该平台倒闭，甲公司损失惨重，部分股东书面请求甲公司监事会对王某提起诉讼，监事会拒绝。该部分股东因此拟单独向人民法院提起股东代表诉讼，其中有资格提起股东代表诉讼的是（　　　）。

A. 已经连续 90 日持有甲公司 5% 股份的郑某

B. 已经连续 100 日持有甲公司 3% 股份的赵某

C. 已经连续 200 日持有甲公司 1.2% 股份的乙有限责任公司

D. 已经连续 200 日持有甲公司 0.8% 股份的李某

9. 合伙企业中的合伙人李某在执行合伙事务中不慎被人骗走一大笔资金，造成合伙企业无流动资金，使合伙企业陷入困境。鉴于李某在其他与经营有关的重大问题上也经常疏忽，经其他合伙人研究一致同意，决定将其除名，李某以自己并非故意为由，对除名决议有异议，李某可以（　　　）。

A. 向劳动仲裁委员会申请仲裁

B. 在接到除名通知后 30 日内向人民法院起诉

C. 向上级主管部门申诉

D. 在其他合伙人作出除名决定 15 日内向人民法院申诉

10. 根据物权法律制度的规定，物权相互间的优先效力原则上应以物权成立时间的先后为标准，但也有例外，下列说法中不正确的是（　　　）。

A. 同一动产上已经设立抵押权或者质权，该动产又被留置的，留置权人优先受偿

B. 限制物权优先于所有权

C. 先成立的动产抵押权没有登记，先于成立在后但已登记的抵押权

D. 同一房屋之上，先登记设立的抵押权效力优先于后登记设立的抵押权

11. 刘某借用张某的名义购买房屋后，将房屋登记在张某名下。双方约定该房屋归刘某所有，房屋由刘某使用，产权证由刘某保存。后刘某欲主张自己为所有权人。关于刘某的权利主张，下列选项中不正确的是（　　）。

A. 不能直接向登记机构申请办理更正登记

B. 若张某不同意更正，刘某可向登记机构申请异议登记

C. 可向法院请求确认其为所有权人

D. 可依据法院确认其为所有权人的判决请求登记机关更正登记

12. 甲向乙购买一辆汽车，两人于3月10日成立买卖合同，并约定过两天交车。3月14日，乙将车交付给甲。3月16日，甲将车款全数打至乙的账户。3月28日，甲、乙完成了车辆的转移登记。甲于（　　）取得车辆的所有权。

A. 3月10日　　B. 3月14日　　C. 3月16日　　D. 3月28日

13. 甲向乙借款20万元做生意，甲以自己的一辆价值6万元的汽车质押给乙，双方订立了质押合同，但未交付汽车。而且甲又将自己的股票进行质押，签订合同后并向证券登记机关办理登记。根据物权法律制度的规定，关于上述质押的效力说法中，正确的是（　　）。

A. 汽车和股票质押均未设立

B. 汽车和股票质押均设立

C. 汽车质押未设立、股票质押设立

D. 汽车质押设立、股票质押未设立

14. 甲向乙借款，将自己的汽车抵押给乙，办理了抵押登记，后甲又向丙借款，将该车质押给丙，丙在占有该车期间，发现汽车有故障，送到丁厂修理，丁厂因未收到修理费将该车留置。根据物权法律制度的规定，本案的担保物权受偿顺序是（　　）。

A. 抵押权；质权；留置权

B. 质权；留置权；抵押权

C. 留置权；抵押权；质权

D. 留置权；质权；抵押权

15. 甲公司于5月1日向乙公司发出要约，出售一批原材料，要求乙公司在1个月内作出答复。该要约于5月2日到达乙公司。当月，因市场行情变化，该种原材料市场价格大幅上升，甲公司拟撤销该要约。根据合同法律制度的规定，下列关于甲公司能否撤销该要约的表述中，正确的是（　　）。

A. 不可以撤销该要约，因该要约确定了承诺期限

B. 可以撤销该要约，撤销通知在乙公司发出承诺通知之前到达乙公司即可

C. 可以撤销该要约，撤销通知在承诺期限届满前到达乙公司即可

D. 可以撤销该要约，撤销通知在乙公司发出承诺通知之前发出即可

16. 甲欲购买乙收藏的一幅名画，乙不同意。甲的朋友丙得知此事后，找到乙说：

"如果你不将此画卖给甲，就公布你的隐私信息。"乙被迫与甲订立买卖合同，甲对此并不知情。下列表述中，不正确的是（　　）。

　　A. 对于该民事法律行为，甲有权请求人民法院或者仲裁机构予以撤销

　　B. 对于该民事法律行为，乙有权请求人民法院或者仲裁机构予以撤销

　　C. 乙自胁迫行为终止之日起 1 年内没有行使撤销权的，撤销权消灭

　　D. 乙自买卖行为发生之日起 5 年内没有行使撤销权的，撤销权消灭

　　17. 根据合同法律制度的规定，下列关于融资租赁合同中租赁物的表述中，不正确的是（　　）。

　　A. 承租人履行占有租赁物期间的维修义务

　　B. 在租赁期间出租人享有租赁物的所有权

　　C. 租赁期间承租人享有租赁物的所有权

　　D. 出租人和承租人可以约定租赁期间届满租赁物的归属

　　18. 下列不属于无效格式条款的是（　　）。

　　A. 提供格式条款一方不合理地免除或者减轻其责任、加重对方责任、限制对方主要权利的条款

　　B. 双方通谋以虚假意思表示订立的条款

　　C. 对格式条款有两种以上解释的条款

　　D. 造成对方人身损害的免责条款

　　19. 2022 年 1 月 1 日甲厂向乙公司购买一台无质量保证期的设备，合同中未约定检验期，设备运回后甲经初步检验并未发现问题，但购买设备后，甲厂效益不好一直未用该设备，2023 年 1 月 1 日才开始投入使用。2024 年 3 月，设备出现故障，甲厂此时才发现是设备关键部位存在瑕疵。下列说法中正确的是（　　）。

　　A. 甲、乙未在合同中约定检验期，双方应平均分担责任

　　B. 因该设备无质量保证期，双方应平均分担责任

　　C. 自标的物收到后 2 年内未通知出卖人的，视为符合约定，甲应自行负责

　　D. 因甲 1 年未使用该设备，这段时间可从 2 年的合理期间扣除，乙公司在 2025 年 1 月 1 日前都应对设备承担责任

　　20. 甲小学为了六一儿童节学生表演节目的需要，向乙服装厂订购了 100 套童装，约定在六一儿童节前一周交付。5 月 28 日，甲小学向乙服装厂催要童装，却被告知，因布匹供应问题，6 月 3 日才能交付童装，甲小学因此欲解除合同。根据合同法律制度的规定，下列关于该合同解除的表述中，正确的是（　　）。

　　A. 甲小学应先催告乙服装厂履行，乙服装厂在合理期限内未履行的，甲小学才可以解除合同

　　B. 甲小学可以解除合同，无须催告

　　C. 甲小学无权解除合同，只能要求乙服装厂承担违约责任

　　D. 甲小学无权自行解除合同，但可以请求法院解除合同

　　21. 一张汇票的出票人是甲，乙、丙、丁依次是背书人，戊是持票人。戊在行使票

据权利时发现该汇票的金额被变造。经查，乙是在变造之前签章，丁是在变造之后签章，但不能确定丙是在变造之前或之后签章。根据《票据法》的规定，下列关于甲、乙、丙、丁对汇票金额承担责任的表述中，正确的是（   ）。

  A. 甲、乙、丙、丁均只就变造前的汇票金额对戊负责

  B. 甲、乙、丙、丁均须就变造后的汇票金额对戊负责

  C. 甲、乙就变造前的汇票金额对戊负责，丙、丁就变造后的汇票金额对戊负责

  D. 甲、乙、丙就变造前的汇票金额对戊负责；丁就变造后的汇票金额对戊负责

22. 根据票据法律制度的规定，关于提示付款期限与票据权利时效，下列说法正确的是（   ）。

  A. 本票提示付款期限自出票日起最长不超过 3 个月

  B. 向银行承兑汇票的出票人行使追索权的时效为出票日起 2 年

  C. 向支票的出票人行使追索权的时效为出票日起 2 年

  D. 支票的提示付款期限为出票 10 日内

23. 投资者与发行人、证券公司等发生纠纷，下列对投资者保护制度的表述中，不正确的是（   ）。

  A. 投资者与证券公司等发生纠纷，证券公司应当自行举证证明其行为不存在误导、欺诈投资等违法行为

  B. 投资者与发行人、证券公司等发生纠纷的，双方可以向投资者保护机构申请调解

  C. 投资者保护机构对损害投资者利益的行为，可以依法支持投资者向人民法院提起诉讼

  D. 投资者提起虚假陈述等证券民事赔偿诉讼时，诉讼标的是同一种类，且当事人一方人数众多的，可以依法推选代表人进行诉讼

24. 根据证券法律制度的规定，要约收购中，收购人发出收购要约之后不可以实施的行为是（   ）。

  A. 提高收购价格   B. 增加预定收购股份数额

  C. 延长收购期限   D. 撤销其收购要约

25. 根据保险法律制度的规定，人寿保险合同中的被保险人在宽限期内发生保险事故的，下列关于保险人权利义务的表述中，正确的是（   ）。

  A. 保险人应当按照合同约定给付保险金，但可以扣减欠交的保险费

  B. 因投保人违约，保险人无须给付保险金

  C. 保险人有权解除保险合同，并退还现金价值

  D. 保险人有权通过诉讼的方式要求投保人支付保险费

26. 根据预算法律制度的规定，下列各项中，对乡预算、决算进行监督的是（   ）。

  A. 乡人民代表大会常务委员会   B. 乡人民政府

C. 乡人民代表大会   D. 财政部

27. 根据企业国有资产法律制度的规定，下列关于国有资本经营预算的表述中，不正确的是（   ）。

     A. 国有资本经营预算不列赤字

     B. 国有资本经营预算的执行情况应接受审计监督

     C. 国有资本经营预算按年度单独编制

     D. 国有资本经营预算报本级人民代表大会常务委员会审议批准

28. 根据预算法律制度的规定，中央决算草案在编制后应经特定机关审查和批准。该特定机关是（   ）。

     A. 国务院

     B. 全国人民代表大会常务委员会

     C. 财政部

     D. 全国人民代表大会

29. 根据政府采购法律制度的规定，关于询价采购方式的下列说法中，不正确的是（   ）。

     A. 询价小组要求被询价的供应商一次报出不得更改的价格

     B. 采购人根据符合采购需求、质量和服务相等且报价最低的原则确定成交供应商

     C. 确定成交供应商的结果应通知所有被询价的未成交供应商

     D. 确定被询价的供应商名单后再成立询价小组

30. 根据政府采购法律制度的规定，关于政府采购当事人的下列说法中，不正确的是（   ）。

     A. 集中采购机构以外的采购代理机构，是从事采购代理业务的社会中介机构

     B. 采购代理机构包括集中采购机构和集中采购机构以外的采购代理机构

     C. 采购代理机构与行政机关可以存在隶属关系

     D. 集中采购机构是设区的市级以上人民政府依法设立的非营利事业法人

二、多项选择题（本类题共 15 小题，每小题 2 分，共 30 分。每小题备选答案中，有两个或两个以上符合题意的正确答案。请至少选择两个答案，全部选对得满分，少选得相应分值，多选、错选、不选均不得分）

1. 下列规范性法律文件中，属于经济法部门的有（   ）。

     A.《中华人民共和国公司法》

     B.《中华人民共和国预算法》

     C.《中华人民共和国森林法》

     D.《中华人民共和国合伙企业法》

2. 根据民事诉讼法律制度的规定，下列关于法院调解的表述中，正确的有（   ）。

     A. 人民法院调解只适用于简易程序审理的案件

  B. 人民法院调解是审理各类民事纠纷案件的必经程序

  C. 人民法院调解是审理民事纠纷的结案方式

  D. 人民法院调解是以当事人自愿为原则

3. 根据公司法律制度的规定，下列事项中，属于独立董事职权的有（　　　）。

  A. 参与董事会决策并对所议事项发表明确意见

  B. 独立聘请中介机构，对上市公司具体事项进行审计、咨询或者核查

  C. 提议召开临时股东会

  D. 对可能损害上市公司或者中小股东权益的事项发表独立意见

4. 根据公司法律制度的规定，下列关于股份有限公司股份转让限制的表述中，正确的有（　　　）。

  A. 公司董事离职后 1 年内不得转让其所持有的本公司股份

  B. 发起人持有的本公司股份，自公司成立之日起 1 年内不得转让

  C. 公司董事持有的本公司股份自公司股票上市交易之日起 1 年内不得转让

  D. 公司董事应当向公司申报所持有的本公司的股份及其变动情况

5. 根据《公司法》的规定，公司解散时，应当依法进行清算，成立清算组，公司股东申请人民法院指定清算组对公司进行清算的，人民法院应予受理的情形有（　　　）。

  A. 公司违法清算可能严重侵害股东利益的

  B. 虽然成立清算组但故意拖延清算的

  C. 违法清算可能严重损害债权人利益的

  D. 公司在解散事由出现之日起 10 日内没有成立清算组进行清算的

6. 合伙企业内部规定，执行合伙事务的合伙人李一在签订超过 100 万元的合同时，须经合伙人李二和李三同意，如果李一自作主张没有征求李二和李三的同意，与第三人李四签订了一份 200 万元的买卖合同，下列说法中正确的有（　　　）。

  A. 如果李四不知道在合伙企业内部对李一所作的限制，在合同履行中，也没有获得不正当的利益，则李四为善意第三人

  B. 如果李四为善意第三人，李四所得到的利益应当予以保护

  C. 合伙企业不得以其内部所作的在行使权利方面的限制为由，否定善意第三人李四的正当权益

  D. 如果李四为善意第三人，合伙企业可以拒绝履行该合同，由此给善意第三人造成损失的，由李一承担赔偿责任

7. 根据合伙企业法律制度的规定，下列关于合伙企业财产的表述中，正确的有（　　　）。

  A. 合伙企业合法接受的赠与财产属于合伙企业的财产

  B. 合伙人在合伙企业清算前私自处分合伙企业财产的，合伙企业不得以此对抗第三人

  C. 合伙企业的原始财产是全体合伙人实缴的财产

D. 合伙企业的财产具有独立性和完整性两方面的特征

8. 甲公司经营范围为生产电脑屏幕，2025 年以生产设备作抵押向银行借款 100 万元，2025 年 1 月 1 日签订借款和抵押合同，借款 1 年；于 2025 年 1 月 10 日办理登记。2 月 20 日，甲公司将生产设备按市价转让给不知情的李某，下列说法中，符合物权法律制度规定的有（   ）。

    A. 抵押合同自 2025 年 1 月 1 日成立并生效

    B. 抵押权自 2025 年 1 月 10 日办理登记时设立

    C. 李某可以取得生产设备

    D. 债权人可以就生产设备行使抵押权，因为生产设备抵押已经办理登记

9. 付某将一价值 10 万元的项链托其朋友马某保管。保管期间，马某因急需用钱，擅自将该项链以 9.5 万元卖给不知情的陈某。陈某取得项链后不慎丢失，项链被赵某拾得，赵某将该项链以 9 万元卖给其邻居侯某。3 个月后陈某获知项链在侯某处，与侯某就项链所有权归属产生纠纷。下列说法正确的有（   ）。

    A. 马某将朋友付某托其保管的项链卖给陈某，属于无权处分

    B. 陈某可依善意取得制度取得项链的所有权

    C. 侯某购买的是陈某的遗失物，陈某可以自知道侯某为买受人之日起 2 年内要求侯某返还项链

    D. 陈某向侯某支付 9 万元后可取回项链

10. 根据合同法律制度的规定，下列情形中，赠与人不得主张撤销赠与的有（   ）。

    A. 张某将 1 辆小轿车赠与李某，且已交付

    B. 甲公司与某地震灾区小学签订赠与合同，将赠与 50 万元用于修复教学楼

    C. 乙公司表示将赠与某大学 3 辆校车，双方签订了赠与合同，且对该赠与合同进行了公证

    D. 陈某将 1 块名表赠与王某，且已交付，但王某不履行赠与合同约定的义务

11. 2020 年，甲租用乙的房屋，双方签订了租赁合同，约定租赁期限为 5 年。2023 年，该房屋年久失修，乙又无力维修，故决定出卖，乙通知甲，愿意以 3 万元的价格将房屋卖给甲，甲表示价格太高不买。此时丙愿意以 3.2 万元的价格购买此房，乙、丙遂签订房屋买卖合同，乙以 3.2 万元的价格将该房卖给了丙，则下列说法中正确的有（   ）。

    A. 乙将房屋卖给丙，甲可以继续租用直至租赁合同期满

    B. 乙将房屋卖给丙，应当通知甲，同等条件下甲有优先购买权

    C. 若丙是乙的弟弟，则甲无优先购买权

    D. 若乙通知甲后，甲在 10 日内未明确表示购买，则乙可以将房屋卖给丙

12. 根据票据法律制度的规定，涉外票据的下列情形中，适用出票地法律的有（   ）。

    A. 出具拒绝证明的期限

B. 失票人请求保全票据权利的程序

C. 票据追索权的行使期限

D. 汇票、本票出票时的记载事项

13. 根据证券法律制度规定，甲上市公司的下列机构或人员中，可以作为征集人，自行或委托证券公司、证券服务机构，公开请求上市公司股东委托其代为出席股东大会，并代为行使表决权等股东权利的有（   ）。

A. 职工监事李某

B. 独立董事刘某

C. 甲公司董事会

D. 持有甲公司3%有表决权股份的股东王某

14. 根据预算法律制度的规定，关于预算批复、备案、执行、调整，下列说法正确的有（   ）。

A. 中央预算由全国人民代表大会常务委员会审查和批准

B. 县级以上地方各级政府应当及时将经本级人民代表大会批准的本级预算及下一级政府报送备案的预算汇总，报上一级政府备案

C. 各级预算由本级政府组织执行，具体工作由本级政府财政部门负责

D. 地方各级政府因上级政府增加不需要本级政府提供配套资金的专项转移支付而引起的预算支出变化，不属于预算调整

15. 根据政府采购法律制度的规定，下列说法中，正确的有（   ）。

A. 采购人不得将应当以公开招标方式采购的货物或者服务化整为零或者以其他任何方式规避公开招标采购

B. 采用公开招标方式的费用占政府采购项目总价值比例过大的，可以采取邀请招标的方式进行采购

C. 只能从唯一供应商处采购的，可以采取单一来源采购的方式进行采购

D. 采购的货物规格、标准统一、现货货源充足且价格变化幅度小的政府采购项目，可以采用询价方式采购

三、判断题（本类题共 10 小题，每小题 1 分，共 10 分。请判断每小题的表述是否正确。每小题答题正确的得 1 分，错答、不答均不得分，也不扣分）

1. 行为人超越代理权实施代理行为，相对人有理由相信行为人有代理权的，代理行为有效。　　　　　　　　　　　　　　　　　　　　　　　（　　）

2. 仲裁裁决作出后，当事人应当履行裁决，一方当事人不履行的，另一方当事人可以向仲裁委员会申请执行。　　　　　　　　　　　　　　　　（　　）

3. 张某、李某和王某共同投资设立一家有限责任公司，张某以自己的房屋作价300 万元出资，并自公司设立时办理了产权转移手续，但直至公司成立 1 年后才将房屋实际交付给公司使用，李某、王某主张张某在实际交付房屋之前不享有相应股东权利。则李某和王某的主张是合法的。　　　　　　　　　　　　　　（　　）

4. 特殊的普通合伙企业的合伙人在执业行为中非因故意或者重大过失造成的合伙企业的债务，全体合伙人可以以其在合伙企业中的财产份额为限承担责任。（　　）

5. 法人如果是普通合伙人，则不可以担任合伙事务执行人。（　　）

6. 担保财产毁损、灭失或者被征收等，相应的担保合同终止，担保物权人自行承担损失。（　　）

7. 合同权利义务终止后，债权人可将债权文书自行销毁，不必返还给债务人。（　　）

8. 票据的无益记载事项是指，一旦记载会导致票据无效或者票据行为无效的事项。（　　）

9. 面额股股票发行价格可以按票面金额，也可以超过或低于票面金额。股票发行采取溢价发行的，其发行价格须经中国证监会核准。（　　）

10. 根据规定，政府采购的供应商需要具备法人资格。（　　）

四、简答题（本类题共 3 小题，共 18 分。凡要求计算的，必须列出计算过程；计算结果出现两位以上小数的，均四舍五入保留小数点后两位小数。凡要求说明理由的，必须有相应的文字阐述）

1. 2019 年 2 月，刘某、郭某、乐某等 6 位股东设立甲有限责任公司（以下简称甲公司），郭某持有该公司 20% 的股权，刘某持有公司 5% 的股权。

2025 年初，鉴于甲公司连续 6 年盈利且符合法定利润分配条件，但均未向股东分配利润，郭某书面提出查阅公司账簿的请求，甲公司拒绝，理由是郭某与他人共同经营的公司与甲公司的业务有实质性竞争关系。

2025 年 6 月，刘某提议召开临时股东会，就 2024 年利润分配事宜进行决议。甲公司股东会会议决定，虽然 2024 年度公司盈利且符合利润分配条件，但是为了扩大公司规模，2024 年度的利润不作分配。乐某在该次股东会会议上表示赞成，该股东会通过了该决议，但乐某事后反悔，并于 7 月初请求甲公司收购其股权。

已知：甲公司章程对股东行使表决权方式未作规定。

要求：根据上述资料和公司法律制度的规定，不考虑其他因素，分别回答下列问题。

（1）甲公司拒绝郭某查阅公司账簿，是否符合法律规定？简要说明理由。

（2）刘某是否有权提议召开临时股东会？简要说明理由。

（3）乐某是否有权请求甲公司收购其股权？简要说明理由。

2. 甲、乙、丙三人成立了一家有限合伙企业，甲、乙为有限合伙人，丙为普通合伙人，经营过程中发生以下事项：

（1）在合伙企业管理过程中，甲经常提出建议。执行合伙企业事务的丙主张，作为有限合伙人，甲的行为属于参与执行合伙事务，是不符合法律规定的；

（2）乙未经甲和丙同意，代表合伙企业私下与戊签订了一份购货合同，且戊有理由相信乙为普通合伙人。对此，甲非常不满意，并要求乙对该合同产生的后果承担无限连带责任；

（3）丙依法退伙后，甲、乙决定继续经营。

要求：根据上述资料和合伙企业法律制度的规定，回答下列问题。

（1）在事项（1）中，丙的主张是否正确？说明理由。

（2）在事项（2）中，甲的主张是否符合法律规定？说明理由。

（3）在事项（3）中，甲、乙决定继续经营是否合法？说明理由。

3. 甲乙夫妻关系存续期间，甲在乙不知情的情况下，以乙为被保险人向 A 保险公司投保了以死亡为给付保险金条件的人身保险合同（合同一）。甲乙二人离婚后，甲继续以乙配偶的身份向 A 保险公司以乙为被保险人投保了以死亡为给付保险金条件的人身保险合同（合同二）。甲为两份合同分别支付保费 10 万元。

后乙得知此事，甲乙二人共同赴 A 保险公司要求退保并办理退保手续，A 保险公司表示，可以解除已经订立的两份保险合同，但只能退还两份保险合同的现金价值。

要求：根据上述资料和保险法律制度的规定，不考虑其他因素，回答下列问题。

（1）合同一是否有效？简要说明理由。

（2）合同二是否有效？简要说明理由。

（3）A 保险公司只能退还两份保险合同现金价值的主张能否成立？简要说明理由。

五、综合题（本类题共 1 题，共 12 分。凡要求计算的，必须列出计算过程；计算结果出现两位以上小数的，均四舍五入保留小数点后两位小数。凡要求说明理由的，必须有相应的文字阐述）

2023 年 1 月，赵某、钱某、孙某共同出资设立甲普通合伙企业（以下简称"甲企业"）。合伙人一致决定，由赵某执行合伙企业事务。

2023 年 2 月，甲企业取得一块建设用地使用权，欲在该地上建造一栋办公楼。甲企业向乙有限责任公司（以下简称乙公司）借款 5 000 万元用于建造办公楼，借期 2 年。2024 年 6 月 1 日办公楼完工，6 月 15 日办理不动产登记。

甲企业与丙公司签订购买 A 商品的合同约定如下：（1）丙公司一次性向甲企业供货 1 500 件，每件单价 4 000 元，供货时间为 2024 年 8 月 15 日；（2）甲企业于 8 月 5 日向丙公司交付定金 10 万元，预付货款 50 万元，余款在收货后一次付清；（3）任何一方违约需向对方承担标的额 10% 的违约金。双方口头约定如果发生纠纷由仲裁机构仲裁。

8 月 15 日，丙公司安排司机徐某驾驶本公司货车给甲企业送货，途中因徐某醉酒驾车发生单方交通事故导致货车受损，丙公司请求丁保险公司承担赔偿责任。丁保险公司告知丙公司，保险合同中的免责条款约定：因醉酒驾车发生交通事故的，保险公司不承担赔偿责任。丙公司以丁保险公司在订立合同时仅在合同中作出提示但未对该免责条款予以明确说明为由，主张该免责条款不属于合同内容。

甲企业收到丙公司发来的全部货物后发现货物质量不符合合同要求，拒绝收货并拒绝支付余款，同时要求丙公司返还预付货款 50 万元、定金 20 万元并且支付 10% 的违约金。丙公司认为货物质量不存在任何问题，并要求甲企业支付余款，由此引起纠纷。

2024 年 10 月，经赵某、孙某同意，钱某退出甲企业。同月，王某加入甲企业。

2025 年 6 月，乙公司要求甲企业偿还借款，合伙企业已无力支付，乙公司要求赵某、钱某、孙某、王某承担无限连带责任。钱某抗辩称：自己已经退出甲企业，无须对该借款承担无限连带责任。王某抗辩称：自己在借款合同签订之后才加入甲企业，无须对该借款承担无限连带责任。

2025 年 7 月，乙公司因业务规模进一步扩大决定增加注册资本，该决议由股东会表决，同意的股东所持表决权为 60%，乙公司通过了该项决议。

要求：根据上述内容，分别回答下列问题。

（1）甲企业何时取得办公楼的所有权？并说明理由。

（2）丙公司以丁保险公司在订立合同时未对该免责条款予以明确说明为由，主张该免责条款不属于合同内容，是否符合法律规定？并说明理由。

（3）甲企业要求丙公司返还预付货款 50 万元、定金 20 万元并且支付 10% 的违约金的请求是否符合规定？并说明理由。

（4）甲企业与丙公司双方口头约定如果发生纠纷由仲裁机构仲裁是否符合规定？并说明理由。

（5）钱某及王某的抗辩是否成立？并说明理由。

（6）乙公司通过增加注册资本的决议是否符合法律规定？并说明理由。

2025 年度中级会计资格
《经济法》全真模拟试题（一）
答案速查、参考答案及解析

答案速查

一、单项选择题

1. A	2. D	3. D	4. D	5. C
6. C	7. C	8. D	9. C	10. D
11. D	12. C	13. A	14. B	15. C
16. B	17. B	18. D	19. B	20. A
21. D	22. D	23. D	24. A	25. B
26. C	27. B	28. C	29. B	30. B

二、多项选择题

1. ABCD	2. ABC	3. ABCD	4. BD	5. ACD
6. AC	7. BD	8. BC	9. ABCD	10. AB
11. ABD	12. ACD	13. ABCD	14. ABC	15. ACD

三、判断题

1. ×	2. √	3. ×	4. ×	5. ×
6. ×	7. √	8. √	9. √	10. ×

参考答案及解析

一、单项选择题

1.【答案】A

【解析】按照法律行为之间的依存关系，可以将法律行为分为主法律行为和从法律行为。主法律行为是指不需要有其他法律行为的存在就可以独立成立的法律行为。从法律行为是指从属于其他法律行为而存在的法律行为。本题中，借款合同是主合同，抵押合同是从合同。

2.【答案】D

【解析】从年龄判断，张某是限制民事行为能力人（题述情形未提及"智力水平"，故做题时只按年龄标准判断即可）。从行为判断：第一，赠与行为对于赠与人张某来说并非纯获益行为；第二，3 000 元的金额较大。该赠与行为属于与张某的年龄、智力、精神健康状况不相适应的行为，效力待定。本题应选择选项 D。

3.【答案】D

【解析】依照法律规定或按照双方当事人约定，应当由本人实施的民事法律行为，不得代理，如订立遗嘱、婚姻登记、收养子女等。本人未亲自实施的，应当认定行为无效，选项 A、B、C 错误。租赁房屋属于可以代理的行为，代理人实施后该行为有效，选项 D 正确。

4.【答案】D

【解析】根据行政复议法律制度的规定，公民、法人或者其他组织认为行政行为侵犯其合法权益的，可以自知道或者应当知道该行政行为之日起 60 日内提出行政复议申请，但是法律规定的申请期限超过 60 日的除外。所以本题选择选项 D。

5.【答案】C

【解析】行政复议的范围受到一定限制，国家行为、抽象行政行为、内部行政行为、行政机关针对民事争议的调解不在行政复议的范围之列。具体而言，下列事项不能申请行政复议：（1）国防、外交等国家行为。（2）行政法规、规章或者行政机关制定、发布的具有普遍约束力的决定、命令等规范性文件（选项 D）。（3）行政机关对行政机关工作人员的奖惩、任免等决定（选项 B）。（4）行政机关对民事纠纷作出的调解（选项 A）。

6.【答案】C

【解析】因自然灾害、事故灾难、公共卫生事件、社会安全事件等原因造成经营困难的，公司可以自主决定在一定时期内歇业，选项 A 正确。公司办理歇业备案的，公司登记机关应当将相关信息及时共享至税务、人力资源社会保障等部门，推动高效办理歇业备案涉及的其他事项，选项 B 正确。公司歇业的期限最长不得超过 3 年，选项 C

错误。公司歇业期间，可以法律文书送达地址代替住所，选项 D 正确。

7.【答案】C

【解析】机关法人一般不能担任公司股东，但依法对外投资时，仍然可以成为国有股东，选项 C 错误。

8.【答案】D

【解析】法律并不禁止公司为股东或者实际控制人提供担保，且公司章程对此类担保事项的决议并无另行规定的权限，选项 A、B 错误。公司为公司股东或者实际控制人提供担保的，应当经股东会决议。接受担保的股东或者受接受担保的实际控制人支配的股东，不得参加前述规定事项的表决。该项表决由出席会议的其他股东所持表决权的过半数通过，选项 C 错误，选项 D 正确。

9.【答案】C

【解析】国有独资公司、国有企业、上市公司以及公益性的事业单位、社会团体不得成为普通合伙人。

10.【答案】D

【解析】选项 A，除合伙协议另有约定外，应当经全体合伙人一致同意。选项 B，由一个或者数个合伙人执行合伙事务的，所产生的费用和亏损由合伙企业承担。选项 C，合伙人分别执行合伙事务的，执行事务合伙人可以对其他合伙人执行的事务提出异议。选项 D，不执行合伙事务的合伙人有权监督执行事务合伙人执行合伙事务的情况。

11.【答案】D

【解析】（1）新合伙人入伙，除合伙协议另有约定外，应当经全体合伙人一致同意，并依法订立书面入伙协议；（2）有限合伙人参与决定普通合伙人入伙、退伙的，不视为执行合伙事务。

12.【答案】C

【解析】本题考核有限合伙企业设立、事务执行、出质、责任承担问题。选项 A 错误，只有普通合伙人可以以劳务出资，有限合伙人不得以劳务出资。选项 B 错误，有限合伙企业中普通合伙人对合伙企业债务承担无限连带责任，有限合伙人以其认缴的出资额为限对合伙企业债务承担责任。选项 C 正确，有限合伙人可以以其财产份额出质，但合伙协议也可对其进行约定。选项 D 错误，有限合伙企业由普通合伙人执行合伙事务，有限合伙人不执行合伙事务，不得对外代表有限合伙企业。

13.【答案】A

【解析】本题考核物的分类。（1）土地、海域以及房屋、林木等地上定着物属于不动产，选项 A 正确；（2）大米被分割不会影响其价值，属于可分物，选项 B 错误；（3）机器和维修工具属于主物和从物关系，选项 C 错误；（4）长在树上的果实属于果树的组成部分（而非独立物），果实被摘下来后，属于果树的天然孳息，选项 D 错误。

14.【答案】B

【解析】刘某说"再借我用一段时间"，说明双方存在所有权先转移但由卖方继续占有标的物的占有改定约定，该约定生效时，自行车的所有权转移，选项 B 正确。

15.【答案】C

【解析】本题考核土地承包经营权。土地承包经营权，是以种植、养殖、畜牧等农业目的，对集体经济组织所有或国家所有由农民集体使用的农用土地依法占有、使用、收益的权利，选项 A 错误。土地承包经营权人依照法律规定，有权将土地承包经营权互换、转让。互换、转让的对象只能是本集体经济组织成员，选项 B 错误。林地的承包期为 30 年至 70 年，选项 C 正确。土地承包经营权自土地承包经营权合同生效时设立，选项 D 错误。

16.【答案】B

【解析】本题考核添附。（1）选项 A，属于加工，加工是指在他人的物上进行劳作或改造，从而使其具有更高价值的活动。例如，雕刻他人木材为木雕作品，在他人画布上作画等。（2）选项 B、C，附合的认定，关键在于形成的新物难以分割，如错用他人油漆粉刷桌子，属于附合；错拿他人车辆备胎换到自己车子上，此时轮胎与车子的分离并不困难，所以，不构成附合。（3）选项 D，属于混合，混合是指两个或两个以上不同所有权人的动产相互混杂合并，不能识别或识别所需费用过大，因而发生所有权变动的法律事实。

17.【答案】B

【解析】（1）土地承包经营权和建设用地使用权属于用益物权，我国现存的用益物权均仅成立于不动产之上，不得用于质押，选项 A、C 错误；（2）高速公路收费权属于应收账款，质权自办理出质登记时设立，选项 B 正确；（3）作品的署名权属于著作人身权，不得用于质押，选项 D 错误。

18.【答案】D

【解析】实践合同，又称要物合同，是指除当事人的意思表示一致以外，尚须交付标的物或者完成其他给付才能成立的合同，如自然人之间的借贷合同、定金合同。实践合同的认定限于法律特别规定或者当事人约定合同的成立要件包含物的交付。

19.【答案】B

【解析】《民法典》合同编主要调整作为平等主体的自然人、法人、非法人组织之间的经济合同关系，如买卖、租赁、借贷、赠与、融资租赁等合同关系，选项 B 正确。在政府机关参与的合同中，政府机关作为平等的主体与对方签订合同时，适用合同编规定。婚姻、收养、监护等有关身份关系的协议，适用有关该身份关系的法律规定；没有规定的，可以根据其性质参照适用合同编规定，选项 A、C 错误。我国境内的企业、个体经济组织、民办非企业单位等组织与劳动者之间，国家机关、事业单位、社会团体和与其建立劳动关系的劳动者之间，依法订立、履行、变更、解除或者终止劳动合同的，适用《劳动合同法》，选项 D 错误。

20.【答案】A

【解析】本题中，虽然合同履行期尚未届满，但债务人乙已经以自己的实际行动表明不履行主要债务，甲无须等到期限届满，可直接解除合同，并要求乙赔偿损失。

21.【答案】D

【解析】选项A、B、C，专属于债务人自身的债权（基于扶养关系、抚养关系、赡养关系、继承关系产生的给付请求权和劳动报酬、退休金、养老金、抚恤金、安置费、人寿保险、人身伤害赔偿请求权等权利），债权人不得行使代位权。

22.【答案】D

【解析】选项A，根据《票据法》的规定，汇票出票时未记载付款地的，付款地为付款人的营业场所、住所或者经常居住地为付款地。选项B，汇票未记载付款日期的，并不必然导致票据的无效，视为见票即付。选项C，出票人在汇票上记载"不得转让"字样，该汇票不得转让。在实践中只要表明了禁止背书的含义，如"禁止背书""禁止转让"等字样，也是有效的。选项D，商业汇票出票人委托付款人支付汇票金额是不附带任何条件的，如果汇票附有条件（如收货后或验收合格后付款），则汇票无效。

23.【答案】D

【解析】本题考查本票追索权的行使期限。持票人对远期汇票的出票人和承兑人的权利，自票据到期日起2年。见票即付的汇票、本票，自出票日起2年，选项D正确。

24.【答案】A

【解析】《证券法》确立了先行赔付制度，发行人因欺诈发行、虚假陈述或者其他重大违法行为给投资者造成损失的，发行人的控股股东、实际控制人、相关的证券公司可以委托投资者保护机构，就赔偿事宜与受到损失的投资者达成协议，予以先行赔付。先行赔付后，可以依法向发行人以及其他连带责任人追偿。

25.【答案】B

【解析】选项B，保险合同是诺成合同。

26.【答案】C

【解析】本题考查一般公共预算支出。一般公共预算支出按照其经济性质分类，包括工资福利支出、商品和服务支出、资本性支出和其他支出等大类，选项C当选。一般公共预算支出按照其功能分类，包括一般公共服务支出，外交、公共安全、国防支出，农业、环境保护支出，教育、科技、文化、卫生、体育支出，社会保障及就业支出和其他支出等大类，故选项A、B、D不当选。

27.【答案】B

【解析】本题考查预算基本原则。预算完整，是指政府的全部收入和支出都应当纳入预算，选项B正确。经人民代表大会批准的预算，非经法定程序，不得调整，选项A错误。除涉及国家秘密的以外，（1）经本级人民代表大会或者本级人民代表大会常务委员会批准的预算、预算调整、决算、预算执行情况的报告及报表，应当在批准后20日内由本级政府财政部门向社会公开，并对本级政府财政转移支付安排、执行的情况以及举借债务的情况等重要事项作出说明；（2）经本级政府财政部门批复的部门预算、决算及报表，应当在批复后20日内由各部门向社会公开，并对部门预算、决算中机关运行经费的安排、使用情况等重要事项作出说明；（3）各级政府、各部门、各单位应当将政府采购的情况向社会公开，选项C、D错误。

28.【答案】C

【解析】本题考查国有独资公司的关联方。关联方包括本企业的董事、监事、高级管理人员及其近亲属，以及这些人员所有或者实际控制的企业。经理、副经理、财务负责人均为公司高级管理人员，选项 A、B 不当选。同学关系并不当然是关联方的范围，选项 C 当选。乙公司由甲公司董事所有，也构成甲公司的关联方，选项 D 不当选。

29.【答案】B

【解析】本题考查政府采购文件的保存期限。政府采购文件从采购结束之日起至少保存 15 年。本题应选择选项 B。

30.【答案】B

【解析】本题考查政府采购合同。履约保证金的数额不得超过政府采购合同金额的 10%，选项 A 错误；政府采购合同中涉及国家秘密的内容不可以在媒体上公告，选项 C 错误；政府采购项目的采购合同自签订之日起 7 个工作日内，将合同副本报同级政府采购监督管理部门和有关部门备案（不区分是否为小额合同），选项 D 错误。

二、多项选择题

1.【答案】ABCD

【解析】引起诉讼时效中断的事由有：权利人向义务人提出请求履行义务的要求；义务人同意履行义务；权利人提起诉讼或申请仲裁；与提起诉讼或者申请仲裁具有同等效力的其他情形。

2.【答案】ABC

【解析】本题考查附条件与附期限的法律行为的辨析。"2025 年 10 月 1 日""去世后""合同自签订之日起 1 个月后生效"均附生效期限，故该赠与行为属于附期限的法律行为，选项 A、B、C 正确；王某是否能考上研究生为将来发生的不确定事件，因此该赠与行为属于附条件的法律行为，选项 D 错误。

3.【答案】ABCD

【解析】公司不得收购本公司股份。但是，有下列情形之一的除外：（1）减少公司注册资本；（2）与持有本公司股份的其他公司合并；（3）将股份用于员工持股计划或者股权激励；（4）股东因对股东会作出的公司合并、分立决议持异议，要求公司收购其股份；（5）将股份用于转换公司发行的可转换为股票的公司债券；（6）上市公司为维护公司价值及股东权益所必需。

4.【答案】BD

【解析】有下列情形之一的，不得担任公司的法定代表人：无民事行为能力或者限制民事行为能力（选项 A 错误）；因贪污、贿赂、侵占财产、挪用财产或者破坏社会主义市场经济秩序被判处刑罚，执行期满未逾 5 年（选项 B 正确），或者因犯罪被剥夺政治权利，执行期满未逾 5 年，被宣告缓刑的，自缓刑考验期满之日起未逾 2 年；担任破产清算的公司、企业的董事或者厂长、经理，对该公司、企业的破产负有个人责任的，自该公司、企业破产清算完结之日起未逾 3 年（选项 D 正确）；担任因违法被吊销营业执照、责令关闭的公司、企业的法定代表人，并负有个人责任的，自该公司、企业被吊销营业执照、责令关闭之日起未逾 3 年；个人因所负数额较大债务到期未清偿被人民法院列为失信被执行人（选项 C 错误）；法律、行政法规规定的其他情形。

5.【答案】ACD

【解析】选项 B，合伙企业对借用的汽车不享有所有权，故不属于合伙企业的财产。

6.【答案】AC

【解析】本题考查普通合伙人财产份额的出质。合伙人以其在合伙企业中的财产份额出质的，须经其他合伙人一致同意；未经其他合伙人一致同意，其行为无效，由此给善意第三人造成损失的，由行为人依法承担赔偿责任。选项 A、C 正确。

7.【答案】BD

【解析】本题考核预告登记。当事人签订买卖房屋或者其他不动产物权的协议，为保障将来实现物权，按照约定可以向登记机构申请预告登记。预告登记后，未经预告登记的权利人同意，处分该不动产的，不发生物权效力。乙公司办理了预告登记，未经其同意，抵押权不设立，所有权不发生变动。

8.【答案】BC

【解析】本题考核物权变动。小张、小王之间的买卖合同在双方签订合同之日时成立，不受物权变动影响，选项 A 错误。动产的物权转让以交付为要件，选项 B 正确。车辆属于特殊动产，以登记为对抗要件，未经登记，不得对抗善意第三人，所以小赵作为善意第三人可依法取得该车的抵押权，小王的损失可向小张主张赔偿，选项 C 正确，选项 D 错误。

9.【答案】ABCD

【解析】根据规定，试用买卖的买受人在试用期内已经支付部分价款或者对标的物实施出卖、出租、设立担保物权等行为的，视为同意购买。

10.【答案】AB

【解析】赠与人的经济状况显著恶化，严重影响其生产经营或者家庭生活的，可以不再履行赠与义务，选项 A 正确。不履行赠与合同约定的义务，赠与人可以撤销赠与，选项 B 正确。赠与人一般不承担赠与财产的瑕疵担保责任。在以下两种情况下需承担责任：（1）附义务的赠与，赠与的财产有瑕疵的，赠与人在附义务的限度内承担与出卖人相同的责任；（2）赠与人故意不告知瑕疵或者保证无瑕疵，造成受赠人损失的，应当承担损害赔偿责任，选项 C 错误。经过公证的赠与合同或者依法不得撤销的具有救灾、扶贫、助残等公益、道德义务性质的赠与合同，赠与人不能任意撤销。题目中不是这些法定情形，故在瓷瓶交付之前，甲可以任意撤销，选项 D 错误。

11.【答案】ABD

【解析】本题考查要约邀请与要约的界定。拍卖公告、招标公告、招股说明书、债券募集办法、基金招募说明书、商业广告和宣传、寄送的价目表等为要约邀请，选项 A、B、D 正确。丙公司自动售货机只能一杯一杯地卖咖啡，则限制了每一次买卖的数量都是 1 杯，在"每杯一元"的情况下，标的物种类、数量、价格都是确定的，因此"每杯一元"构成要约，选项 C 错误。

12.【答案】ACD

【解析】选项 B 说法错误：出票人可以在支票上记载自己为收款人。

13.【答案】ABCD

【解析】公开发行公司债券的，发行人应当为债券持有人聘请债券受托管理人，并订立债券受托管理协议，选项 C 正确。受托管理人应当由本次发行的承销机构或者其他经国务院证券监督管理机构认可的机构担任，选项 D 正确。债券持有人会议可以决议变更债券受托管理人，选项 A 正确。债券发行人未能按期兑付债券本息的，债券受托管理人可以接受全部或者部分债券持有人的委托，以自己的名义代表债券持有人提起、参加民事诉讼或者清算程序，选项 B 正确。

14.【答案】ABC

【解析】根据国有资产管理法律制度的规定，国有独资企业、国有独资公司和国有资本控股公司的主要负责人，应当接受依法进行的任期经济责任审计。

15.【答案】ACD

【解析】选项 B，采购人可以委托采购代理机构代表其与供应商签订政府采购合同。

三、判断题

1.【答案】×

【解析】法律行为所附期限可以是明确的期限，例如某年某月某日；也可以是不确定的期限，例如下次下雨时。

2.【答案】√

【解析】人民法院审理行政案件，不得调解，不得以调解方式结案。但是，行政赔偿、补偿以及行政机关行使法律、法规规定的自由裁量权的案件，可以调解。

3.【答案】×

【解析】股东以公司被吊销企业法人营业执照未进行清算为由，提起解散公司诉讼的，人民法院不予受理。

4.【答案】×

【解析】根据规定，合伙人分别执行合伙事务的，执行事务合伙人可以对其他合伙人执行的事务提出异议。提出异议时，应当"暂停"该项事务的执行。

5.【答案】×

【解析】设立居住权的，应当向登记机构申请居住权登记。居住权自登记时设立。

6.【答案】×

【解析】当事人仅以建设用地使用权抵押，债权人主张抵押权的效力及于正在建造的建筑物的续建部分以及新增建筑物的，人民法院不予支持。

7.【答案】√

【解析】题目表述正确。

8.【答案】√

【解析】银行本票是见票即付票据，提示付款期限自出票日最长不超过 2 个月。题目表述正确。

9. 【答案】√

【解析】根据规定，损失补偿原则是财产保险合同所特有的一项原则。其基本含义包括：（1）被保险人只有遭受约定的保险危险所造成的损失才能获得赔偿，如果有险无损或者有损但并非约定的保险事故所造成，被保险人都无权要求保险人给予赔偿。（2）补偿的金额等于实际损失的金额。投保人或者被保险人在约定的保险事故发生后遭受的损失是多少，保险人就补偿多少；没有损失就不补偿，即保险人的补偿恰好能使保险标的恢复到保险事故发生前的状态，投保人或被保险人不能获得多于或少于损失的赔偿。

10. 【答案】×

【解析】邀请招标，是指采购人依法从符合相应资格条件的供应商中随机抽取 3 家以上供应商，并以投标邀请书的方式邀请其参加投标的采购方式。公开招标，是指采购人依法以招标公告的方式邀请非特定的供应商参加投标的采购方式。

四、简答题

1. 【答案】

（1）年度股东会不可以审议改选由职工代表担任的监事。

根据规定，股东会可以选举和更换非由职工代表担任的董事、监事。监事会中的职工代表由公司职工通过职工代表大会、职工大会或者其他形式民主选举产生。

（2）董事会拒绝将王某的提案提交年度股东会审议符合公司法律制度规定。

根据规定，单独或者合计持有公司1%以上股份的股东，可以在股东会会议召开10日前提出临时提案并书面提交董事会；董事会应当在收到提案后2日内通知其他股东，并将该临时提案提交股东会审议。

（3）董事李某转让股票不符合公司法律制度规定。

根据规定，上市公司董事、监事、高级管理人员离职后半年内，不得转让其持有的本公司股份。但所持股份不超过 1 000 股的，可一次全部转让。

2. 【答案】

（1）经赵某、孙某同意，孙某有权出卖该房屋。

根据物权法律制度的规定，处分共有的不动产，应当经占份额 2/3 以上的按份共有人同意，但是共有人之间另有约定的除外。赵某、孙某对共有物房屋的份额为70%，超过2/3，有权处分该房屋。

（2）周某取得房屋所有权。

根据物权法律制度的规定，不动产物权的设立、变更、转让和消灭，经依法登记，发生效力。未经登记，不发生效力，但是法律另有规定的除外。周某已办理过户登记，取得房屋所有权。

（3）孙某的抗辩成立。

根据合同法律制度的规定：①定金的数额由当事人约定，但不得超过主合同标的额的20%，超过部分不产生定金的效力。②收受定金的一方不履行债务，致使不能实现合同目的的，应当双倍返还定金。在本案中，房屋价款为200万元，定金上限为40万元。因此，应按照40万元返还定金。除此之外，还应返还李某向孙某支付的价款50万元，共计返还90万元，孙某抗辩成立。

3.【答案】

（1）应当承担。依据规定，票据中的保证不得附有条件，如果附条件，所附条件无效，但票据的保证仍然有效。本题中，戊公司在票据上注明"保证"并签章就应该承担票据上的保证责任，所附条件无效。

（2）不需承担。依据规定，背书人在汇票上记载"不得转让"字样，其后手再背书转让的，原背书人对其后手的被背书人不承担责任。本题中，背书人丁公司注明了"不得转让"，庚公司是丁公司的后手的被背书人，所以丁公司对庚公司不承担票据责任。

（3）应当承担。依据规定，票据债务人不得以自己与持票人前手的抗辩事由来对抗持票人，这是票据无因性的体现。本题中，丁公司是庚公司的前手，票据债务人乙公司不得以自己与丁公司的抗辩事由来对抗持票人庚公司。

五、综合题

【答案】

（1）乙公司可以同时主张逾期利息和违约金，但总计超过借款本金15.4%的部分不得主张。

根据合同法律制度的规定，出借人与借款人既约定了逾期利率，又约定了违约金等，出借人可以选择主张逾期利息、违约金等，也可以一并主张，但是总计超过合同成立时一年期贷款市场报价利率四倍的部分，人民法院不予支持。该借款合同成立时，一年期贷款市场报价利率的四倍为15.4%，逾期利率及违约金折算后为年利率18.65%。因此，乙公司可以同时主张逾期利率和违约金，但总计超过借款本金15.4%的部分不得主张。

（2）乐某与乙公司的保证合同成立。

根据合同法律制度的规定，第三人单方以书面形式向债权人作出保证，债权人接收且未提出异议的，保证合同成立。题述情形下，乙公司未提出异议，因此，乙公司与乐某的保证合同成立。

（3）乐某的抗辩（1）成立。

根据担保法律制度规定，同一债权既有保证又有物的担保的，债务人不履行到期债务，债权人应当按照约定实现债权；没有约定或者约定不明确，债务人自己提供物的担保的，债权人应当先就该物的担保实现债权。题述情形下，甲乙两公司及乐某未约定债权实现顺序，甲公司自行提供担保物时，债权人乙公司应当先就物的担保实现债权，乐某抗辩（1）成立。

（4）乐某享有先诉抗辩权。

根据合同法律制度的规定，保证合同未约定保证方式的，按一般保证承担保证责任。一般保证人享有先诉抗辩权。乐某享有先诉抗辩权。

（5）乙公司可以要求丙公司腾退房屋。

根据物权法律制度的规定，抵押权设立后，抵押人出租抵押物，抵押权已登记且设立在先，则租赁权不得对抗抵押权。题述情形下，若因丙公司占有使用厂房导致无人应买，乙公司可以要求丙公司腾退房屋。

（6）丁公司的主张不成立。

根据物权法律制度的规定，以动产抵押的，不得对抗正常经营活动中已支付合理价款并取得抵押财产的买受人，但购买出卖人的生产设备除外。基于此，丁公司虽已购入甲公司的生产设备，但不适用上述规则，乙公司依然可对该生产设备行使抵押权，丁公司主张不成立。

2025 年度中级会计资格
《经济法》全真模拟试题（二）
答案速查、参考答案及解析

答案速查

一、单项选择题

1. B	2. B	3. D	4. B	5. D
6. D	7. A	8. A	9. B	10. D
11. B	12. B	13. C	14. C	15. D
16. B	17. B	18. B	19. A	20. B
21. D	22. D	23. B	24. C	25. C
26. B	27. C	28. A	29. A	30. D

二、多项选择题

1. ACD	2. AC	3. BC	4. ABCD	5. ACD
6. BCD	7. ABC	8. ABD	9. BCD	10. BD
11. BCD	12. ACD	13. AD	14. ACD	15. ABC

三、判断题

1. ×	2. ×	3. √	4. ×	5. √
6. √	7. ×	8. ×	9. ×	10. √

参考答案及解析

一、单项选择题

1.【答案】B

【解析】选项 A、B，"期限"一定会届至，"条件"不一定会成就。"年内结婚"属于附条件。选项 C、D 错误，本题所述内容属于多方法律行为。

2.【答案】B

【解析】从年龄判断，章某的年龄已满 8 周岁不满 18 周岁，属于限制民事行为能力人（题述情形未提及"智力水平"，故做题时只按年龄标准判断即可）。从行为判断：第一，章某的姥爷和姥姥分别把电脑、手套送给章某的行为，对于章某来说是属于纯获利益的，因此，均属有效，选项 B 正确，选项 D 错误；第二，章某自行把电脑、手套送给同班同学的行为不属于纯获利益，则应进一步判断其是否与章某的年龄、智力或精神健康状况相适应。其判断标准主要是行为所涉的金额：（1）电脑的价值较大，一般都在千元以上，其行为就与章某的年龄、智力或精神健康状况不相适应。因此，章某自行将电脑送人的行为属于效力待定，而非无效，选项 C 错误。（2）与电脑对比，手套的价值较小，章某作为限制行为能力人将手套送人，该行为与其年龄、智力或者精神健康状况相适应，应属有效，选项 A 错误。本题应选择选项 B。

3.【答案】D

【解析】根据《民法典》的有关规定，行为人与相对人恶意串通，损害他人合法权益的行为无效；代理人和相对人恶意串通，损害被代理人利益的，由代理人和相对人负连带责任。因此，选项 D 正确。

4.【答案】B

【解析】选项 A、C，有效的仲裁协议具有排除诉讼管辖权的作用，因此甲公司不可以直接向法院起诉。选项 D，仲裁协议具有独立性，合同的变更、解除、终止或无效，不影响仲裁协议的效力。因此，选项 B 正确。

5.【答案】D

【解析】诉讼时效的中止事由包括两大类：（1）不可抗力，如自然灾害、军事行动等。（2）阻碍权利人行使请求权的其他障碍：①权利被侵害的无民事行为能力人或者限制民事行为能力人没有法定代理人，或者法定代理人死亡、丧失民事行为能力、丧失代理权（选项 D 正确）。②继承开始后未确定继承人或者遗产管理人。③权利人被义务人或者其他人控制等。选项 A、B 所述情形会导致诉讼时效中断。选项 C 错误，委托代理人辞去委托，更换代理人即可，不会引起诉讼时效的中止和中断。

6.【答案】D

【解析】选项 A，履行出资人职责的机构可以授权公司董事会行使股东会的部分职权，但公司章程的制定和修改，公司的合并、分立、解散、申请破产，增加或者减少注册资本，分配利润，应当由履行出资人职责的机构决定。选项 B，国有独资公司的经理由董事会聘任或者解聘。选项 C，国有独资公司的董事会成员中，应当过半数为外部董事，并应当有公司职工代表。

7.【答案】A

【解析】（1）将股份用于员工持股计划或者股权激励；（2）将股份用于转换公司发行的可转换为股票的公司债券；（3）上市公司为维护公司价值及股东权益所必需。属于上述三种情形的，公司合计持有的本公司股份数不得超过本公司已发行股份总数的 10%，并应当在 3 年内转让或者注销。因上述情形收购本公司股份的，可以依照公司章程或者股东会的授权，经 2/3 以上董事出席的董事会会议决议。上市公司因上述情形收购本公司股份的，应当通过公开的集中交易方式进行。

8.【答案】A

【解析】独立董事必须保持独立性。下列人员不得担任独立董事：（1）在上市公司或者其附属企业任职的人员及其配偶、父母、子女、主要社会关系（选项 C）；（2）直接或者间接持有上市公司已发行股份 1% 以上或者是上市公司前 10 名股东中的自然人股东及其配偶、父母、子女（选项 B）；（3）在直接或者间接持有上市公司已发行股份 5% 以上的股东或者在上市公司前 5 名股东任职的人员及其配偶、父母、子女；（4）在上市公司控股股东、实际控制人的附属企业任职的人员及其配偶、父母、子女；（5）与上市公司及其控股股东、实际控制人或者其各自的附属企业有重大业务往来的人员，或者在有重大业务往来的单位及其控股股东、实际控制人任职的人员；（6）为上市公司及其控股股东、实际控制人或者其各自附属企业提供财务、法律、咨询、保荐等服务的人员，包括但不限于提供服务的中介机构的项目组全体人员、各级复核人员、在报告上签字的人员、合伙人、董事、高级管理人员及主要负责人（选项 D）；（7）最近 12 个月内曾经具有（1）至（6）所列举情形的人员；（8）法律、行政法规、中国证监会规定、证券交易所业务规则和公司章程规定的不具备独立性的其他人员。前述第（4）至（6）中的上市公司控股股东、实际控制人的附属企业，不包括与上市公司受同一国有资产管理机构控制且按照相关规定未与上市公司构成关联关系的企业。

9.【答案】B

【解析】本题考核股东出资制度——出资方式。股东不得以劳务、信用、自然人姓名、商誉、特许经营权或者设定担保的财产等作价出资。

10.【答案】D

【解析】特殊的普通合伙企业名称中应当标明"特殊普通合伙"字样。

11.【答案】B

【解析】根据《合伙企业法》的规定，除合伙协议另有约定外，合伙企业的下列事项应当经全体合伙人一致同意：（1）改变合伙企业的名称；（2）改变合伙企业的经营范围、主要经营场所的地点；（3）处分合伙企业的不动产；（4）转让或者处分合伙企业的知识产权和其他财产权利；（5）以合伙企业名义为他人提供担保；（6）聘任合伙人以外的人担任合伙企业的经营管理人员。除合伙协议另有约定外，普通合伙人向合伙人以外的人转让其在合伙企业中的全部或者部分财产份额时，须经其他合伙人一致同意。合伙人之间转让在合伙企业中的部分财产份额，只需要通知其他合伙人即可产生法律效力，不必经其他合伙人同意。

12.【答案】B

【解析】(1) 选项 A、C，合伙人发生与合伙企业无关的债务，相关债权人不得以其债权"抵销"其对合伙企业的债务；也不得"代位"行使合伙人在合伙企业中的权利。(2) 选项 B、D，合伙人的自有财产不足清偿其与合伙企业无关的债务的，该合伙人可以以其从合伙企业中分取的"收益"用于清偿；债权人也可以依法"请求人民法院强制执行"该合伙人在合伙企业中的财产份额用于清偿。

13.【答案】C

【解析】选项 A、C，《合伙企业法》规定，普通合伙人以其财产份额出质的，必须经其他合伙人一致同意。此为法律强制性规定，不得自行约定。选项 B、D，有限合伙人可以将其在有限合伙企业中的财产份额出质；但是，合伙协议另有约定的除外。

14.【答案】C

【解析】物须具有客观物质性，系有体物，且可为人们支配和使用。我国物权法上的"物"仅指有体物，所以权利、行为、智力成果均不属于物权法上的物，选项 A、B 错误。人体虽具物理属性，但基于人性尊严的考量，活人的身体不属于物，选项 D 错误。

15.【答案】D

【解析】动产物权设立和转让前，第三人占有该动产的，负有交付义务的人可以通过转让请求第三人返还原物的权利代替交付，此种交付替代方式为指示交付。本题中"甲、乙、丙约定，由丙继续使用洗衣机，用完后再交付给乙"，即指示占有标的物之人丙将物交付于受让人乙，乙取得了返还原物的请求权，该方式是指示交付，选项 D 正确。

16.【答案】B

【解析】本题考核按份共有。处分共有的不动产或者动产以及对共有的不动产或者动产作重大修缮、变更性质或者用途的，应当经占份额 2/3 以上的按份共有人或者全体共同共有人同意，但是共有人之间另有约定的除外。本题中，乙、丙所占共有物的份额总共仅 65%，未达到 2/3 以上，故不得处分共有物。

17.【答案】B

【解析】本题考核善意取得制度。根据规定，符合下列情形的，受让人取得该不动产或者动产的所有权：(1) 受让人受让该不动产或者动产时是善意的；(2) 以合理的价格转让；(3) 转让的不动产或者动产依照法律规定应当登记的已经登记，不需要登记的已经交付给受让人。本题中，丁是善意第三人，受让价格是市场价格，符合合理价格的要求，且标的物已交付，适用善意取得制度，无论其他共有人是否追认，丁均可取得该画的所有权。

18. 【答案】B

【解析】债务人将合同义务全部或部分转移给第三人，应当经债权人同意。经债权人同意后，新债务人成为合同一方当事人。因此，乙公司应当向丙公司主张清偿 80 万元价款，选项 B 正确，选项 A、C、D 错误。

19. 【答案】A

【解析】本题考查合同成立的时间。当事人一方通过互联网等信息网络发布的商品或者服务信息符合要约条件的，对方选择该商品或者服务并提交订单成功时合同成立，但当事人另有约定的除外，选项 A 正确。

20. 【答案】B

【解析】根据规定，债权人与债务人变更主合同未经保证人同意的，如果减轻债务人的债务的，保证人仍应当对变更后的合同承担保证责任；如果加重债务人的债务的，保证人对加重的部分不承担保证责任。本题主合同的变更加重了甲企业的债务，因此保证人对加重的 20 万元不承担保证责任，但仍应对原先的 100 万元承担保证责任。

21. 【答案】D

【解析】因合同关系以外第三人的过错致使主合同不能履行的，适用定金罚则，选项 A、C 错误。本题中，王某交付一半货物，未交付部分构成违约，应仅就该违约部分承担责任（适用定金罚则）。因此，王某应返还陈某 3 万元定金，其中 1 万元为未违约部分对应的定金，全额返还；2 万元为违约部分对应定金（1 万元）以及加倍返还的金额（1 万元），选项 B 错误，选项 D 正确。

22. 【答案】D

【解析】受要约人在承诺期限内发出承诺，按照通常情形能够及时到达要约人，但是因其他原因致使承诺到达要约人时超过承诺期限的，除要约人及时通知受要约人因承诺超过期限不接受该承诺外，该承诺有效。本题中，由于甲公司未及时通知乙公司承诺已经迟到且不接受，因此，甲、乙公司之间的合同已经成立且生效，乙公司有权要求甲公司履行合同。

23. 【答案】B

【解析】选项 A 错误，背书时附有条件的，所附条件不具有汇票上的效力。选项 B 正确，如果出票人在汇票上记载"不得转让"字样，则该汇票不得转让。选项 C 错误，委托收款背书，被背书人只是代理人，而未取得票据权利，背书人仍是票据权利人。选项 D 错误，被拒绝承兑的汇票属于法定禁止背书的情形，如果背书人将此类汇票以背书方式转让的，应当承担汇票责任。

24. 【答案】C

【解析】根据票据法律制度的规定，票据金额、收款人名称、日期不得更改，更改的票据无效，选项 C 正确。

25. 【答案】C

【解析】对证券交易所作出的不予上市交易、终止上市交易决定不服的，可以向证券交易所设立的复核机构申请复核。

26.【答案】B

【解析】对保险人的免责条款，保险人在订立合同时应以书面或口头形式向投保人说明，未作提示或未明确说明的，该条款不产生效力。

27.【答案】C

【解析】选项C，县级以上地方各级预算的调整方案应当提请本级人民代表大会常务委员会审查和批准。

28.【答案】A

【解析】本题考查出资人和履行出资人职责的机构。国务院代表国家行使国有资产所有权，选项A正确。国务院和地方人民政府依照法律、行政法规的规定，分别代表国家对国家出资企业履行出资人职责，享有出资人权益。

29.【答案】A

【解析】采购文件要求中标或者成交供应商提交履约保证金的，供应商应当以支票、汇票、本票或者金融机构、担保机构出具的保函等非现金形式提交。

30.【答案】D

【解析】本题考查政府采购当事人。采购人是指依法进行政府采购的国家机关、事业单位、团体组织，不包括国有企业，选项D当选。

二、多项选择题

1.【答案】ACD

【解析】本题考查诉讼时效的起算点。选项B，未成年人遭受性侵害的损害赔偿请求权的诉讼时效期间，自受害人年满18周岁之日起算，选项A、C、D均为正确选项。

2.【答案】AC

【解析】选项A、B，代理权终止后而实施的代理属于无权代理；选项C、D，行为人没有代理权、超越代理权或者代理权终止后，仍然实施代理行为，相对人有理由相信行为人有代理权的，构成表见代理，代理行为有效。

3.【答案】BC

【解析】本题考查过度支配与控制的情形。实践中常见的过度支配与控制情形包括：（1）母子公司之间或者子公司之间进行利益输送的；（2）母子公司或者子公司之间进行交易，收益归一方，损失却由另一方承担的（选项B当选）；（3）先从原公司抽走资金，然后再成立经营目的相同或者类似的公司，逃避原公司债务的（选项C当选）；（4）先解散公司，再以原公司场所、设备、人员及相同或者相似的经营目的另设公司，逃避原公司债务的；（5）过度支配与控制的其他情形。在认定是否构成人格混同时，应当综合考虑以下因素：（1）股东无偿使用公司资金或者财产，不作财务记载的（选项D不当选）；（2）股东用公司的资金偿还股东的债务，或者将公司的资金供关联公司无偿使用，不作财务记载的；（3）公司账簿与股东账簿不分，致使公司财产与股东财产无法区分的（选项A不当选）；（4）股东自身收益与公司盈利不加区分，致使双方利益不清的；（5）公司的财产记载于股东名下，由股东占有、使用的；（6）人格混同的其他情形。

4.【答案】ABCD

【解析】本题考核股东代表诉讼。根据规定，监事会或者董事会收到有限责任公司的股东、股份有限公司连续 180 日以上单独或合计持有公司 1% 以上股份的股东的书面请求后，拒绝提起诉讼，或者自收到请求之日起 30 日内未提起诉讼，或者情况紧急、不立即提起诉讼将会使公司利益受到难以弥补的损害的，前述股东有权为了公司的利益，以自己的名义直接向人民法院提起诉讼，因此，选项 A、B、C、D 正确。

5.【答案】ACD

【解析】本题考查有限合伙人的权利、义务。有限合伙人参与选择承办合伙企业审计业务的会计师事务所不视为执行合伙事务，有限合伙人可以实施，选项 A 正确。除合伙协议另有约定外，有限合伙人可以同本合伙企业进行交易、将合伙企业的财产份额对外出质、从事与本合伙企业相竞争的业务，选项 C、D 正确。有限合伙人不执行合伙事务，不得对外代表有限合伙企业，选项 B 错误。

6.【答案】BCD

【解析】本题考查有限合伙人当然退伙的事由。选项 A，有限合伙人丧失民事行为能力并不会导致其当然退伙。选项 B、C、D 所述情况既属于普通合伙人当然退伙的事由，也属于有限合伙人当然退伙的事由。

7.【答案】ABC

【解析】以公益为目的的非营利学校、幼儿园、医疗机构、养老机构等提供担保的，担保合同无效，选项 A、C 当选。机关法人提供担保的，担保合同无效，但是经国务院批准为使用外国政府或国际经济组织贷款进行转贷的除外，选项 B 当选。当事人对担保的范围没有约定或者约定不明确的，担保人应当对全部债务承担责任，选项 D 担保合同有效。

8.【答案】ABD

【解析】本题考查浮动抵押、价款超级优先权、融资租赁合同的形式。企业、个体工商户、农业生产经营者可以将现有的以及将有的生产设备、原材料、半成品、产品抵押，债务人不履行到期债务或者发生当事人约定的实现抵押权的情形，债权人有权就抵押财产确定时的动产优先受偿，此为浮动抵押。浮动抵押抵押物为动产，适用动产抵押的规定——"动产抵押自抵押合同生效时设立，未经登记，不得对抗善意第三人"，选项 A、B 正确。融资租赁合同是要式合同，应当采用书面形式，选项 D 正确。担保人在设立动产浮动抵押并办理抵押登记后又以融资租赁方式承租新的动产，为担保租金实现，融资租赁合同的出租人在该动产交付后 10 日内办理登记，主张其权利优先于在先设立的浮动抵押权的，人民法院应予支持。本题中，丙公司对大型设备的抵押权优于乙银行的浮动抵押，选项 C 错误。

9.【答案】BCD

【解析】当事人在订立合同过程中有下列情形之一，造成对方损失的，应当承担损害赔偿责任：（1）假借订立合同，恶意进行磋商；（2）故意隐瞒与订立合同有关的重要事实或者提供虚假情况；（3）有其他违背诚实信用原则的行为。此外，《民法典》第五百零一条规定："当事人在订立合同过程中知悉的商业秘密或者其他应当保密的信息，无论合同是否成立，不得泄露或者不正当地使用；泄露、不正当地使用该商业秘密或者信息，造成对方损失的，应当承担赔偿责任。"就当事人违反缔约中所知悉信息的保密义务规定了缔约过失责任。

10.【答案】BD

【解析】法定抵销不得附条件、不得附期限，选项 B 正确。因故意实施侵权行为产生的债务不得抵销，选项 D 正确。当事人互负债务，该债务的标的物种类、品质相同的，任何一方可以将自己的债务与对方的到期债务抵销，但是，根据债务性质、按照当事人约定或者依照法律规定不得抵销的除外，选项 A 错误。法定抵销不要求双方债务均到期，被动债务已届清偿期即可抵销，选项 C 错误。

11.【答案】BCD

【解析】本题考查定金。定金合同为实践性合同，从实际交付定金时成立。实际交付的定金数额多于或者少于约定数额，视为变更约定的定金数额，收受定金的一方未提出异议的，定金合同成立。乙公司支付 20 万元定金，甲公司未提出异议，视为变更定金数额，其不可基于定金合同向乙公司主张违约责任，选项 A 错误。甲公司违反合同约定，应当向乙公司承担违约责任，选项 B 正确。收受定金的一方不履行债务或者履行债务不符合约定，致使不能实现合同目的的，应当双倍返还定金。甲公司应当双倍返还定金 40 万元，选项 C 正确。因不可抗力致使合同不能履行，非违约方主张适用定金罚则的，人民法院不予支持，选项 D 正确。

12.【答案】ACD

【解析】根据《证券法》的规定，首次公开发行股票的基本条件包括：（1）具备健全且运行良好的组织机构；（2）具有持续经营能力；（3）最近 3 年财务会计报告被出具无保留意见审计报告；（4）发行人及其控股股东、实际控制人最近 3 年不存在贪污、贿赂、侵占财产、挪用财产或者破坏社会主义市场经济秩序的刑事犯罪；（5）经国务院批准的国务院证券监督管理机构规定的其他条件。上述基本条件是注册制下在主板、创业板、科创板上市的公司都应遵守的共性规则。选项 B 为公开发行公司债券的条件。

13.【答案】AD

【解析】投保人不得为无民事行为能力人投保死亡保险，但父母为其未成年子女投保的除外，选项 A 正确，选项 B 错误。以死亡为给付保险金条件的合同，未经被保险人同意并认可保险金额，保险合同无效，选项 C 错误。人身保险的受益人由被保险人或投保人指定，若投保人指定受益人，须经被保险人同意，选项 D 正确。

14.【答案】ACD

【解析】选项 B，需要增加举借债务数额的，应当进行预算调整，减少举借债务数额不需进行预算调整。

15.【答案】ABC

【解析】各部门及其所属单位应当对下列资产及时予以报废、报损：（1）因技术原因确需淘汰或者无法维修、无维修价值的资产；（2）涉及盘亏、坏账以及非正常损失的资产；（3）已超过使用年限且无法满足现有工作需要的资产；（4）因自然灾害等不可抗力造成毁损、灭失的资产。

三、判断题

1.【答案】×

【解析】本题考查行政复议的范围。不服行政机关对民事纠纷作出的调解或者其他处理的，当事人可依法申请仲裁或者向人民法院提起诉讼，而非提起行政复议。本题表述错误。

2.【答案】×

【解析】本题考查行政诉讼中的举证责任的承担。行政诉讼应由被告承担举证责任。本题表述错误。

3.【答案】√

【解析】本题考查公积金。本题表述正确。

4.【答案】×

【解析】有限责任公司增加注册资本时，股东在同等条件下有权优先按照实缴的出资比例认缴出资。但是，全体股东约定不按照出资比例优先认缴出资的除外。

5.【答案】√

【解析】《合伙企业法》规定，合伙协议未约定合伙期限的，合伙人在不给合伙企业事务执行造成不利影响的情况下，可以退伙，但应当提前 30 日通知其他合伙人。

6.【答案】√

【解析】因合法建造、拆除房屋等事实行为设立或者消灭物权的，自事实行为成就时发生效力。根据该规定，房屋只要建造完成，甲即可基于事实行为取得所有权。

7.【答案】×

【解析】同时履行抗辩权基于同一双务合同，赠与合同为单务合同，当事人不享有同时履行抗辩权。

8.【答案】×

【解析】本题考查无权处分下所订立合同的效力。当事人一方以出卖人在缔约时对标的物没有所有权或者处分权为由主张合同无效的，人民法院不予支持。本题中，李某虽然对买卖合同的标的不具有处分权，但该情况并不影响买卖合同的效力。本题所述错误。

9.【答案】×

【解析】收购人持有的被收购上市公司的股票，在收购行为完成后的 18 个月内不得转让。

10.【答案】√

【解析】本题考查行政事业性国有资产的基础管理。有下列情形之一的，各部门及其所属单位应当对行政事业性国有资产进行清查：（1）根据本级政府部署要求；（2）发生重大资产调拨、划转以及单位分立、合并、改制、撤销、隶属关系改变等情形；（3）因自然灾害等不可抗力造成资产毁损、灭失；（4）会计信息严重失真；（5）国家统一的会计制度发生重大变更，涉及资产核算方法发生重要变化；（6）其他应当进行资产清查的情形。各部门及其所属单位在资产清查中发现账实不符、账账不符的，应当查明原因予以说明，并随同清查结果一并履行审批程序。由于资产使用人、管理人的原因造成资产毁损、灭失的，应当依法追究相关责任。

四、简答题

1.【答案】

（1）不符合规定。根据规定，首次股东会会议由出资最多的股东召集和主持，孙某（出资100万元）不是出资最多的股东，不能因其组织能力比较强就召集和主持首次股东会会议。

（2）符合规定。根据规定，代表1/10以上表决权的股东，1/3以上的董事或者监事会提议召开临时会议的，应当召开临时会议。题述情形下，李某虽持股比例未达1/10，但公司未设监事会，李某是监事，可以提议召开临时股东会会议。

（3）不能通过。根据规定，有限责任公司股东会作出修改公司章程决议，应当经代表2/3以上表决权的股东通过。题述情形下，李某、钱某和孙某所持表决权合计为（300+100+50）/（300+100+50+400）=52.94%，未达到2/3以上，该决议不能通过。

2.【答案】

（1）甲公司于1月1日取得大巴车的所有权。

根据规定，动产物权的设立和转让，自交付时发生效力，但法律另有规定的除外。

（2）丁公司不能立即实现留置权。

根据规定，留置权人与债务人应当约定留置财产后的债务履行期间，没有约定或者约定不明确的，留置权人应当给债务人60日以上履行债务的期间，但鲜活易腐等不易保管的动产除外。

（3）丁公司优于乙公司优于丙公司。

根据规定，动产抵押担保的主债权是抵押物的价款，标的物交付后10日内办理抵押登记的，该抵押权人优先于抵押物买受人的其他担保物权人受偿，但留置权人除外。

3.【答案】

（1）C公司不应向F公司承担票据责任。由于C公司未在汇票上签章，因此不是票据法律关系的当事人，不应承担任何票据责任。

（2）D公司背书转让给E公司生效。根据规定，背书时附有条件的，所附条件不具有汇票上的效力。

（3）D 公司可以以其与 E 公司的工程纠纷尚未解决为由，拒绝向 F 公司承担票据责任。根据规定，票据债务人不得以自己与持票人的前手之间的抗辩事由，对抗持票人。但是持票人明知存在抗辩事由而取得票据的除外。F 公司明知 D 公司与 E 公司发生的工程纠纷尚未解决，却仍然接受汇票，故 D 公司可以以其与 E 公司之间的抗辩事由对抗 F 公司。

（4）F 公司不能向 G 公司行使票据上的追索权。根据规定，保证人未在票据或者粘单上记载"保证"字样而另行签订保证合同或者保证条款的，不属于票据保证。G 公司未在票据上记载任何内容，亦未签章，其行为不构成票据保证，G 公司不属于票据债务人，故 F 公司不能向其行使票据上的追索权。

五、综合题

【答案】

（1）甲公司与乙医院的买卖合同在 2022 年 7 月 11 日成立。

根据规定，承诺自通知到达要约人时生效，承诺生效时合同成立。受要约人对要约的内容作出实质性变更的，为新要约。有关合同标的、数量、质量、价款或者报酬、履行期限、履行地点和方式、违约责任和解决争议方法等内容的变更，是对要约内容的实质性变更。

（2）乙医院无权就外观有划痕的腔镜手术机器人解除合同，有权就严重变形无法使用的腔镜手术机器人解除合同。

根据规定，当事人一方有其他违约行为致使不能实现合同目的，对方当事人可以解除合同。标的物为数物，其中一物不符合约定的，买受人可以就该物解除合同，但该物与他物分离使标的物的价值显受损害的，当事人可以就数物解除合同。

（3）甲公司无权要求丙公司赔偿被洪水冲走的腔镜手术机器人。

根据规定，承运人对运输过程中货物的毁损、灭失承担损害赔偿责任，但承运人证明货物的毁损、灭失是因不可抗力、货物本身的自然性质或者合理损耗以及托运人、收货人的过错造成的，不承担损害赔偿责任。

（4）甲公司有权要求乙医院支付被洪水冲走的腔镜手术机器人的价款。

根据规定，当事人没有约定交付地点或者约定不明确，标的物需要运输的，出卖人将标的物交付给第一承运人后，标的物毁损、灭失的风险由买受人承担。

（5）乙医院无权要求甲公司同时支付违约金和双倍返还定金。

根据规定，在同一合同中，当事人既约定违约金，又约定定金的，在一方违约时，当事人只能选择适用违约金条款或者定金条款，不能同时要求适用两个条款。

（6）甲公司通知丁公司向乙医院交付腔镜手术机器人，构成甲公司向乙医院的交付。

根据规定，动产物权设立和转让前，第三人占有该动产的，负有交付义务的人可以通过转让请求第三人返还原物的权利代替交付。

（7）乙医院有权要求甲公司就 2024 年 12 月 16 日发现的腔镜手术机器人质量瑕疵进行赔偿。

根据规定，当事人没有约定检验期间的，买受人应当在发现或者应当发现标的物的数量或者质量不符合约定的合理期间内通知出卖人。买受人在合理期间内未通知或者自标的物收到之日起两年内未通知出卖人的，视为标的物的数量或者质量符合约定，但对标的物有质量保证期的，适用质量保证期，不适用该两年的规定。

2025 年度中级会计资格
《经济法》全真模拟试题（三）
答案速查、参考答案及解析

答案速查

一、单项选择题

1. A	2. D	3. A	4. B	5. D
6. C	7. C	8. A	9. C	10. B
11. D	12. A	13. C	14. C	15. D
16. D	17. D	18. B	19. A	20. B
21. D	22. A	23. C	24. C	25. C
26. A	27. C	28. A	29. A	30. D

二、多项选择题

1. AC	2. AB	3. CD	4. BD	5. BD
6. AB	7. AC	8. CD	9. ABCD	10. BC
11. AB	12. BD	13. ABCD	14. ABC	15. AC

三、判断题

1. ×	2. √	3. √	4. ×	5. ×
6. ×	7. √	8. √	9. ×	10. ×

参考答案及解析

一、单项选择题

1.【答案】A

【解析】法律体系是指由一国现行的全部法律规范按照不同的法律部门分类组合而形成的有机联系的统一整体。我国现行法律体系由 7 个法律部门构成。选项 B、C、D 表述正确。法律体系只包括现行有效的国内法，不包括历史上废止、已不再有效的法律，也不包括国际法，选项 A 表述不正确。

2.【答案】D

【解析】本题考查可撤销民事法律行为撤销权的行使期限。重大误解的当事人自知道或者应当知道撤销事由之日起 90 日内没有行使撤销权的，撤销权消灭。即从 2025 年 4 月 30 日知道之日起，至 2025 年 7 月 29 日止可行使撤销权。本题选 D。

3.【答案】A

【解析】本题考核诉讼时效的概念。选项 A，诉讼时效期间届满，并不丧失实体权利。

4.【答案】B

【解析】代理人和相对人恶意串通，损害被代理人合法权益的，代理人和相对人应当承担连带责任。

5.【答案】D

【解析】行政复议参加人是指具体参加行政复议活动全过程，以保护其合法权益不受非法侵害的人。行政复议参加人包括申请人、被申请人和第三人。

6.【答案】C

【解析】本题考核股份转让的限制。公司不得接受本公司的股份作为质押权的标的，选项 A 错误。符合法定情形的，公司可以收购本公司股份，选项 B 错误。公司公开发行股份前已发行的股份，自公司股票在证券交易所上市交易之日起 1 年内不得转让，选项 C 正确。上市公司董事会秘书属于高级管理人员，高级管理人员可以买卖本公司股票，只是特定期限内不得转让，选项 D 错误。

7.【答案】C

【解析】公司的法定代表人按照公司章程的规定，由代表公司执行公司事务的董事或者经理担任，并依法登记，本题选 C。

8.【答案】A

【解析】本题考核股份有限公司的设立条件。选项 A、D，股份有限公司应当有 1 人以上 200 人以下为发起人，其中，应当有半数以上的发起人在中国境内有住所。选项 B、C，股份有限公司的发起人既可以是自然人，也可以是法人；既可以是中国公民，也可以是外国公民。

9.【答案】C

【解析】股东会作出决议，应当经出席会议的股东所持表决权过半数通过，选项 A 不正确；根据公司法律制度的规定，股东会应当每年召开一次年会，选项 B 不正确；股东会不得对会议通知中未列明的事项作出决议，选项 D 不正确。

10.【答案】B

【解析】合伙人向合伙人以外的人转让其在合伙企业中的财产份额的，在同等条件下，其他合伙人有优先购买权；但是，合伙协议另有约定的除外，选项 B 正确。

11.【答案】D

【解析】本题考核拾得遗失物。在遗失人发出悬赏广告时，归还遗失物的拾得人享有悬赏广告所允诺的报酬请求权，选项 A 错误。丙直接从乙手中购得手机（而非通过拍卖或者向具有经营资格的经营者购得），无权要求甲支付购买手机的费用，选项 B 错误。遗失物自发布招领公告之日起 1 年内无人认领的，归国家所有，选项 C 错误，选项 D 正确。

12.【答案】A

【解析】同一财产向两个以上债权人抵押的，拍卖、变卖抵押财产所得的价款依照下列规定清偿：抵押权已登记的，按照登记的时间先后确定清偿顺序；本题中，因乙先办理登记，故优先于银行受偿。

13.【答案】C

【解析】本题考核按份共有。处分共有的不动产或者动产以及对共有的不动产或者动产作重大修缮、变更性质或者用途的，应当经占份额 2/3 以上的按份共有人同意，但是共有人之间另有约定的除外，选项 A、B 错误。按份共有人可以转让其享有的共有的不动产或者动产份额，其他共有人在同等条件下享有优先购买的权利，选项 C 正确。共有份额的权利主体因继承、遗赠等原因发生变化时，其他按份共有人主张优先购买的，不予支持，但按份共有人之间另有约定的除外，选项 D 错误。

14.【答案】C

【解析】本题考查不动产物权的登记。权利人、利害关系人认为不动产登记簿记载的事项错误的，可以申请更正登记，选项 A 错误。不动产登记簿记载的权利人书面同意更正或者有证据证明登记确有错误的，登记机构应当予以更正；不动产登记簿记载的权利人不同意更正，利害关系人可以申请异议登记，选项 B 错误。登记机构予以异议登记的，申请人在异议登记之日起 15 日内不起诉，异议登记失效，选项 C 正确。异议登记不当，造成权利人损害的，权利人可以向申请人请求损害赔偿，而不是登记机关，选项 D 错误。

15.【答案】D

【解析】受要约人在承诺期限内发出承诺，按照通常情形能够及时到达要约人，但是因其他原因致使承诺到达要约人时超过承诺期限的（这是"迟到承诺"），除要约人及时通知受要约人因承诺超过期限不接受该承诺外，该承诺有效，选项 A 错误。受要约人超过承诺期限发出承诺，或者在承诺期限内发出承诺，按照通常情形不能及时到达要约人的（这是"迟延承诺"），为新要约；但是，要约人及时通知受要约人该承诺有效的除外，选项 B 错误。承诺可以撤回，选项 C 错误。

16.【答案】D

【解析】违约方承担违约责任的形式包括继续履行、采取补救措施（修理、更换、重做、退货、减少价款等，也可解除合同、中止履行、提存等）、赔偿损失、支付违约金，但不包括行使撤销权（撤销权是合同的保全措施）。

17.【答案】D

【解析】要约人以确定承诺期限或者其他形式明示要约不可撤销，本案中，陈某确定了承诺期限，该要约不可撤销。因此，陈某不可以反悔，选项 A 错误。李某 7 月 24 日作出的回复对原要约作出实质性变更（改变价款的数额），会导致陈某发出要约失效，同时，此回复的性质为新要约，陈某未回复，未作出承诺，合同未成立，选项 B 错误。7 月 25 日，李某对陈某的回复构成新要约，陈某未回复，合同未成立，选项 C 错误，选项 D 正确。

18.【答案】B

【解析】题述情况本身不会导致买卖合同无效，选项 A 错误。出卖人就同一船舶、航空器、机动车等特殊动产订立多重买卖合同，在买卖合同均有效的情况下，买受人均要求实际履行合同的，先行受领交付的买受人请求出卖人履行办理所有权转移登记手续等合同义务的，人民法院应予支持；均未受领交付，先行办理所有权转移登记手续的买受人请求出卖人履行交付标的物等合同义务的，人民法院应予支持；均未受领交付，也未办理所有权转移登记手续，依法成立在先合同的买受人请求出卖人履行交付标的物和办理所有权转移登记手续等合同义务的，人民法院应予支持（交付→登记→合同订立先后）。本题中，赵某已将货车交付钱某，即使先前已为孙某办理了该货车所有权转移登记，但货车的所有权仍归属于钱某，本题应选择选项 B。

19.【答案】A

【解析】（1）第三人善意购买租赁房屋并已经办理登记手续的，承租人不得行使优先购买权，选项 B 错误。（2）出租人将房屋出卖给近亲属的，人民法院不支持承租人主张优先购买，近亲属的范围是"配偶、父母、子女、兄弟姐妹、祖父母、外祖父母、孙子女、外孙子女"，不包括"侄子"，选项 A 正确，选项 D 错误。（3）按份共有人主张购买时，承租人不得行使优先购买权，选项 C 错误。

20.【答案】B

【解析】后履行抗辩权是指合同当事人互负债务，有先后履行顺序，先履行一方未履行的，后履行一方有权拒绝其履行要求。先履行一方履行债务不符合约定的，后履行一方有权拒绝其相应的履行要求。在本题中，甲、乙公司履行合同有先后顺序，甲公司作为先履行的一方未履行，乙公司作为后履行的一方享有后履行抗辩权，选项 B 正确。

21.【答案】D

【解析】选项 D，融资租赁期间，出租人享有租赁物的所有权；承租人破产的，租赁物不属于破产财产。出租人对租赁物享有的所有权，未经登记，不得对抗善意第三人。

22.【答案】A

【解析】选项 A，由于伪造人甲在票据上没有以自己的名义签章，因此不承担票据责任；选项 B，在假冒他人名义的情形下，被伪造人不承担票据责任；选项 C、D，票据上有伪造签章的，不影响票据上其他真实签章的效力，丙和丁属于在票据上真正签章的当事人，仍应对被伪造的票据的权利人承担票据责任。

23.【答案】C

【解析】本题考查支票的提示付款期限。支票的持票人应当自出票日起 10 日内提示付款，超过该期限提示付款的，付款人可以不予付款，但出票人仍应当对持票人承担票据责任，本题应选 C。

24.【答案】C

【解析】董事会秘书负责组织定期报告的披露工作。

25.【答案】C

【解析】投保人申报的被保险人年龄不真实，并且其真实年龄不符合合同约定的年龄限制，保险人可以解除合同，并按照合同约定退还保险单的现金价值。注意，此种情形下保险人的解除权，自保险人知道有解除事由之日起，超过 30 日不行使而消灭；自合同成立之日起超过 2 年的，保险人不得解除合同，发生保险事故的，保险人应当承担赔偿或者给付保险金的责任；保险人在合同订立时已经知道投保人未如实告知的情况的，保险人不得解除合同，发生保险事故的，保险人应当承担赔偿或者给付保险金的责任。

26.【答案】A

【解析】采用保险人提供的格式条款订立的保险合同，保险人与投保人、被保险人或者受益人对合同条款有争议的，应当按照通常理解予以解释（有争议，先通常），对合同条款有两种以上解释的，人民法院或仲裁机构应当作出有利于被保险人和受益人的解释。选项 A 正确。

27.【答案】C

【解析】各级决算经批准后，财政部门应当在 20 日内向本级各部门批复决算。各部门应当在接到本级政府财政部门批复的本部门决算后 15 日内向所属单位批复决算，选项 C 正确。

28.【答案】A

【解析】各级一般公共预算应当按照本级一般公共预算支出额的 1%～3% 设置预备费，用于当年预算执行中的自然灾害等突发事件处理增加的支出及其他难以预见的开支。各级一般公共预算按照国务院的规定可以设置预算周转金，用于本级政府调剂预算年度内季节性收支差额。

29.【答案】A

【解析】资产配置包括调剂、购置、建设、租用、接受捐赠等方式。各部门及其所属单位应当优先通过调剂方式配置资产。不能调剂的，可以采用购置、建设、租用等方式。

30.【答案】D

【解析】选项A，以联合体形式进行政府采购的，参加联合体的供应商均应当具备上述法定条件，并应当向采购人提交联合协议，载明联合体各方承担的工作和义务。选项B，以联合体形式参加政府采购活动的，联合体各方不得再单独参加或者与其他供应商另外组成联合体参加同一合同项下的政府采购活动。选项C，联合体中有同类资质的供应商按照联合体分工承担相同工作的，应当按照资质等级较低的供应商确定资质等级。

二、多项选择题

1.【答案】AC

【解析】本题考查民事诉讼基本制度。适用简易程序、特别程序（选民资格案件及重大、疑难的案件除外）、督促程序、公示催告程序。公示催告阶段审理的民事案件，由审判员一人独任审理。简易程序中包括小额诉讼程序，选项A正确。不论案件是否公开审理，一律公开宣告判决，选项C正确。除涉及国家秘密、个人隐私或者法律另有规定的以外，应当公开进行。离婚案件、涉及商业秘密的案件，当事人申请不公开审理的，可以不公开审理，涉及商业秘密案件须经当事人申请不公开审理，选项B错误。适用特别程序、督促程序、公示催告程序和简易程序中的小额诉讼程序审理的案件，实行一审终审；最高人民法院所作的一审判决、裁定，为终审判决、裁定，选项D错误。

2.【答案】AB

【解析】本题考查自然人的民事行为能力。张某为成年人（年龄>18周岁），且身体健康，属于完全民事行为能力人，选项A正确。朱某已满16周岁未满18周岁，但能以自己的劳动收入为主要生活来源，视为完全民事行为能力人，选项B正确。王奶奶虽然是成年人（年龄>18周岁），但其为植物人，不能辨认自己的行为，应为无民事行为能力人，选项C错误。李某虽然收入颇高，但其年龄不满8周岁，为无民事行为能力人，选项D错误。

3.【答案】CD

【解析】选项A属于决议无效，公司股东会、董事会的决议内容违反法律、行政法规的无效。选项B属于决议可撤销，公司股东会、董事会的会议召集程序、表决方式违反法律、行政法规或者公司章程，或者决议内容违反公司章程的，股东自决议作出之日起60日内，可以请求人民法院撤销。选项C、D属于决议不成立。

4.【答案】BD

【解析】选项A、B，有限责任公司的实际出资人与名义出资人订立合同，约定由实际出资人出资并享有投资权益，以名义出资人为名义股东，实际出资人与名义股东对该合同效力发生争议的，如无《民法典》规定的合同无效或可撤销的情形，人民法院应当认定该合同有效。选项C、D，名义股东将登记于其名下的股权转让或者质押，只要受让方李某构成善意取得，交易的股权可以最终为其所有。

5. 【答案】BD

【解析】选项 A、C 错误，合伙人发生与合伙企业无关的债务，相关债权人不得以其债权抵销其对合伙企业的债务；也不得代位行使合伙人在合伙企业中的权利。选项 B、D 正确，合伙人的自有财产不足以清偿其与合伙企业无关的债务的，该合伙人可以以其从合伙企业中分取的收益用于清偿；债权人也可以依法请求人民法院强制执行该合伙人在合伙企业中的财产份额用于清偿。

6. 【答案】AB

【解析】根据规定，新合伙人入伙时，除合伙协议另有约定外，应当经全体合伙人一致同意，并依法订立书面入伙协议，选项 A 正确；订立入伙协议时，原合伙人应当向新合伙人告知原合伙企业的经营状况和财务状况，选项 B 正确；新合伙人入伙，应当依法订立书面入伙协议，入伙协议应当以原合伙协议为基础，并对原合伙协议事项作相应变更，订立入伙协议不得违反公平原则、诚实信用原则，选项 C 错误；入伙的新合伙人对入伙前的该合伙企业的债务承担无限连带责任，选项 D 错误。

7. 【答案】AC

【解析】本题考查遗失物被转让的特别规定。受让人通过拍卖或者向具有经营资格的经营者购得该遗失物的，权利人请求返还原物时应当支付受让人所付的费用，选项 A 正确；吴某向李某支付完所付费用后，有权向无处分权人追偿，但不一定是双倍赔偿，选项 B 错误；拾得遗失物应当及时通知权利人领取，或者送交公安等有关部门，无权进行转让，选项 C 正确；所有权人或者其他权利人有权追回遗失物。该遗失物通过转让被他人占有的，权利人有权向无处分权人请求损害赔偿，或者自知道或者应当知道受让人之日起 2 年内向受让人请求返还原物，选项 D 错误。

8. 【答案】CD

【解析】债权人留置的动产，应当与债权属于同一法律关系，但是企业之间留置的除外，因此选项 A 错误。企业之间留置的动产与债权并非同一法律关系，债权人留置第三人的财产，第三人请求债权人返还留置财产的，人民法院应予支持。本题债权与留置的动产并非同一法律关系，汽车属于第三人甲所有，甲有权请求丙返还汽车。

9. 【答案】ABCD

【解析】选项 A，提供格式条款的一方不合理地免除或减轻其责任，加重对方责任，限制对方主要权利的，该条款无效；选项 B，提供格式条款的一方排除对方主要权利的，该条款无效；选项 C，造成对方人身损害的免责格式条款无效；选项 D，因故意或重大过失造成对方财产损失的免责格式条款无效。

10. 【答案】BC

【解析】选项 A，一般保证人享有先诉抗辩权，连带责任保证人不享有先诉抗辩权。选项 B、C、D，被担保的债权既有物的担保又有人的担保的，债务人不履行到期债务或者发生当事人约定的实现担保物权的情形，债权人应当按照约定实现债权；没有约定或者约定不明确，债务人自己提供物的担保的，债权人应当先就该物的担保实现债权；第三人提供物的担保的，债权人可以就物的担保实现债权，也可以要求保证人承担保证责任。提供担保的第三人承担担保责任后，有权向债务人追偿。

11.【答案】AB

【解析】私募基金应当向合格投资者募集或者转让，单只私募基金的投资者累计不得超过法律规定的人数，选项 A 正确。私募基金不得通过报刊、电台、电视台、互联网等大众传播媒介，电话、短信、即时通讯工具、电子邮件、传单，或者讲座、报告会、分析会等方式向不特定对象宣传推介，选项 B 正确。私募基金不得向投资者承诺投资本金不受损失或者承诺最低收益，选项 C 错误。设立私募基金管理机构和发行私募基金不设行政审批，选项 D 错误。

12.【答案】BD

【解析】根据规定，货物运输保险合同和运输工具航程保险合同，其保险责任开始后，合同当事人不得解除合同。

13.【答案】ABCD

【解析】我国预算包括一般公共预算、政府性基金预算、国有资本经营预算和社会保险基金预算。

14.【答案】ABC

【解析】未经履行出资人职责的机构同意，国有独资企业、国有独资公司不得有下列行为：（1）与关联方订立财产转让、借款的协议；（2）为关联方提供担保；（3）与关联方共同出资设立企业；（4）向董事、监事、高级管理人员或者其近亲属所有或者实际控制的企业投资。

15.【答案】AC

【解析】供应商参加政府采购活动应当具备下列法定条件：（1）具有独立承担民事责任的能力；（2）具有良好的商业信用和健全的财务会计制度；（3）具有履行合同所必需的设备和专业技术能力；（4）有依法缴纳税收和社会保障资金的良好记录；（5）参与政府采购活动前 3 年内，在经营活动中没有重大违法记录；（6）法律、行政法规规定的其他条件。

三、判断题

1.【答案】×

【解析】本题考核民事诉讼公开审判制度。离婚案件，涉及商业秘密的案件，当事人申请不公开审理的，可以不公开审理。

2.【答案】√

【解析】本题考查行政复议与行政诉讼的关系。本题所述正确。

3.【答案】√

【解析】法律对数据、网络虚拟财产的权属等有规定的，股东可以按照规定用数据、网络虚拟财产作价出资。

4.【答案】×

【解析】普通合伙人无论出资多少，都有权平等地享有执行合伙企业事务的权利，全体合伙人共同执行合伙企业事务的，全体合伙人都有权对外代表合伙企业。

5.【答案】×

【解析】当事人以建设用地使用权依法设立抵押，抵押人以土地上存在违法的建筑物为由主张抵押合同无效的，人民法院不予支持。

6.【答案】×

【解析】债权人未作表示的，视为不同意。

7.【答案】√

【解析】本题考查借款合同与抵押合同的性质，题目表述正确。

8.【答案】√

【解析】本题考核国家出资企业管理者的选择与考核。未经履行出资人职责的机构同意，国有独资公司的董事长不得兼任经理。未经股东会、股东大会同意，国有资本控股公司的董事长不得兼任经理。

9.【答案】×

【解析】除被保险人的家庭成员或者其组成人员故意对保险标的损害而造成保险事故外，保险人不得对被保险人的家庭成员或者其组成人员行使代位请求赔偿的权利。

10.【答案】×

【解析】采购文件的保存期限自采购结束之日起至少保存 15 年。

四、简答题

1.【答案】

（1）甲、乙反对丁提议 B 会计师事务所承办 A 企业审计业务的理由不成立。

根据合伙企业法律制度的规定，有限合伙人参与选择承办本企业审计业务的会计师事务所，不视为执行合伙事务。

（2）在甲、乙反对，其他合伙人同意的情况下，丁关于聘请 B 会计师事务所承办 A 企业审计业务的提议能够通过。

根据合伙企业法律制度的规定，合伙协议未约定表决办法的，实行合伙人一人一票并经全体合伙人过半数通过的表决办法。A 企业的合伙协议没有约定表决办法，丙、丁、戊合计超过全体合伙人的半数，故丁的提议可以通过。

（3）甲、乙、丙关于戊违反竞业禁止义务的主张不成立。

根据合伙企业法律制度的规定，有限合伙人可以自营或者同他人合作经营与本有限合伙企业相竞争的业务；但是，合伙协议另有约定的除外。

2.【答案】

（1）丙公司抵押权设立的日期是 2025 年 6 月 23 日。根据规定，以动产抵押的，抵押权自抵押合同生效时设立，未经登记，不得对抗善意第三人。本题中，6 月 23 日抵押合同生效，此时丙公司抵押权设立。

（2）不符合法律规定。根据规定，留置权为法定优先权，债务人不履行到期债务，债权人因同一法律关系留置合法占有的第三人的动产，主张就该留置财产优先受偿，人民法院应予支持。第三人以该留置财产并非债务人的财产为由请求返还的，人民法院不予支持。

（3）不符合法律规定。根据规定，动产抵押担保的主债权是抵押物的价款，标的物交付后 10 日内办理抵押登记的，该抵押权人优先于抵押物买受人的其他担保物权人受偿，但是留置权人除外。本题中，丙公司设立的抵押权满足超级优先权的条件，优先于乙银行受偿。

3.【答案】

（1）甲银行的拒付理由不成立。

根据规定，承兑人不得以其与出票人之间的资金关系来对抗持票人，拒绝支付汇票金额。

（2）B 公司拒绝 F 公司追索的理由不成立。

根据规定，票据债务人不得以自己与持票人的前手之间的抗辩事由对抗持票人，但持票人明知存在抗辩事由而取得票据的除外。在本题中，F 公司对 B 公司与 C 公司之间的合同纠纷并不知情，B 公司不得以自己与 C 公司之间的抗辩事由对抗 F 公司。

（3）B 公司拒绝 D 公司追索的理由成立。

根据规定，票据债务人不得以自己与持票人的前手之间的抗辩事由对抗持票人，但持票人明知存在抗辩事由而取得票据的除外。在本题中，D 公司知悉 B 公司与 C 公司之间的合同纠纷，B 公司可以拒绝 D 公司的追索。

（4）D 公司无权要求 E 公司承担票据责任。

根据规定，保证人未在票据或者粘单上记载"保证"字样而另行签订保证合同的，不属于票据保证。在本题中，E 公司未在票据上签章，无须承担票据责任。

五、综合题

【答案】

（1）吴某有权提议召开临时股东会。

根据规定，代表 1/10 以上表决权的股东、1/3 以上董事或者监事会有权提议召开临时股东会。

甲公司章程未对表决权的行使作特殊约定，各股东按出资比例行使表决权，吴某出资比例为 25%，属于代表 1/10 以上表决权的股东，因此，可以提议召开临时股东会。

（2）甲公司股东会通过为孙某担保的决议合法。

根据规定，公司为公司股东或者实际控制人提供担保的，应当经股东会决议。接受担保的股东或者接受担保的实际控制人，不得参加前述规定事项的表决。该项表决由出席会议的其他股东所持表决权的过半数通过。

本题中，赵某、吴某所持表决权超过出席会议股东所持表决权半数，通过该项决议合法。

（3）甲公司主张合法。

根据规定，保证人在保证合同中未约定保证方式的，按照一般保证承担保证责任。

一般保证人享有先诉抗辩权。

本题中，孙某经强制执行尚不能偿还乙公司的债务，甲公司承担补充赔偿责任。

（4）周某无权要求甲公司以合理价格收购其股权。

根据规定，当出现以下情形之一，对股东会决议投反对票的股东可以请求公司以合理价格回购其股份：①公司连续 5 年不向股东分配利润，而公司该 5 年连续盈利，并且符合《公司法》规定的分配利润条件的；②公司合并、分立、转让主要财产的；③公司章程规定的营业期限届满或者章程规定的其他解散事由出现，股东会会议通过决议修改章程使公司存续的。

本题中，周某虽然在该决议中投反对票，但为股东提供担保的决议并不属于上述决议，因此，周某无权要求甲公司以合理价格收购其股权。

（5）乙公司可以按照借款合同约定要求孙某支付利息。

根据规定，出借人请求借款人按照合同约定利率支付利息的，人民法院应予支持，但是双方约定的利率超过合同成立时一年期贷款市场报价利率 4 倍的除外。

本题中，借款合同约定利率 15%，尚未超过合同成立时一年期市场贷款报价利率的 4 倍，因此乙公司可以按照借款合同约定要求孙某支付利息。

（6）乙公司有权按借款合同约定利率要求孙某支付逾期利息。

根据规定，出借人与借款人约定了借期内利率但是未约定逾期利率，出借人主张借款人自逾期还款之日起按照借期内利率支付资金占用期间利息的，人民法院应予支持。

本题中，乙公司有权按照借款合同利率 15% 计算逾期利息并要求孙某支付。

2025 年度中级会计资格
《经济法》全真模拟试题（四）
答案速查、参考答案及解析

答案速查

一、单项选择题

1. A	2. B	3. B	4. B	5. D
6. B	7. A	8. D	9. D	10. D
11. D	12. C	13. B	14. B	15. C
16. C	17. B	18. A	19. B	20. C
21. C	22. C	23. C	24. C	25. B
26. B	27. D	28. A	29. B	30. A

二、多项选择题

1. ABC	2. AD	3. AD	4. ABCD	5. BCD
6. ABD	7. BCD	8. AD	9. ABC	10. ABC
11. ABD	12. ABCD	13. ACD	14. ABCD	15. ABCD

三、判断题

1. √	2. √	3. ×	4. ×	5. ×
6. √	7. ×	8. √	9. ×	10. √

参考答案及解析

一、单项选择题

1. 【答案】A

【解析】仲裁协议具有独立性，合同的变更、解除、终止或无效，不影响仲裁协议的效力，选项 A 正确。有下列情形之一的，仲裁协议无效：（1）约定的仲裁事项超过法律规定的仲裁范围的；（2）无民事行为能力人或限制民事行为能力人订立的仲裁协议；（3）一方采取胁迫手段，迫使对方订立仲裁协议的，选项 B、C、D 错误。

2. 【答案】B

【解析】本题考查行政复议/行政诉讼审查维度。甲公司与税务机关的争议属于行政争议，解决争议的方式为行政诉讼、行政复议，但本案甲公司认为处罚过重，也就意味着甲公司对处罚的适当性（合理性）存疑，行政诉讼只审查具体行政行为是否合法，并不对其合理性作审查，行政复议则审查合法性与适当性，因此，甲公司应当就该争议申请行政复议。

3. 【答案】B

【解析】本题考查行政诉讼简易程序。适用简易程序审理的行政案件，应当在立案之日起 45 日内审结。人民法院审理下列第一审行政案件，认为事实清楚、权利义务关系明确、争议不大的，可以适用简易程序：（1）被诉行政行为是依法当场作出的；（2）案件涉及款额 2 000 元以下的；（3）属于政府信息公开案件的；（4）除前述规定外的第一审行政案件，当事人各方同意适用简易程序的，可以适用简易程序。发回重审、按照审判监督程序再审的案件不适用简易程序。

4. 【答案】B

【解析】本题考查抽象行政行为附带审查。公民、法人或者其他组织认为行政机关的具体行政行为所依据的下列规定不合法，在对具体行政行为申请行政复议时，可以一并向行政复议机关提出对该规定的审查申请：（1）国务院部门的规定（选项 C 不当选）；（2）县级以上地方各级人民政府及其工作部门的规定（选项 A 不当选）；（3）乡、镇人民政府的规定（选项 D 不当选）。行政复议可以附带审查抽象行政行为，这一审查只限于规章以下的规范性文件，选项 B 当选。

5. 【答案】D

【解析】选项 A，因合同纠纷提起的诉讼，由被告住所地或者合同履行地人民法院管辖。选项 B，因保险合同纠纷提起的诉讼，由被告住所地或者保险标的物所在地人民法院管辖。因财产保险合同纠纷提起的诉讼，如果保险标的物是运输工具或者运输中的货物，可以由运输工具登记注册地、运输目的地、保险事故发生地人民法院管辖。因人身保险合同纠纷提起的诉讼，可以由被保险人住所地人民法院管辖。选项 C，因票据权利纠纷提起的诉讼，由票据支付地或者被告住所地人民法院管辖。因非票据权利纠纷提起的诉讼，由被告住所地人民法院管辖。

6.【答案】B

【解析】本题考查股东出资违约的处理。发起人不按照其认购的股份缴纳股款，或者作为出资的非货币财产的实际价额显著低于所认购的股份的，其他发起人与该发起人在出资不足的范围内承担连带责任，选项C错误。其中李某不属于发起人，无须承担连带责任，选项A错误。钱某与孙某应承担连带责任，而非补充责任，选项B正确，选项D错误。

7.【答案】A

【解析】本题考查有限责任公司股东会。首次股东会会议应由出资最多的股东召集并主持，在甲公司中，应由出资最多的股东赵某召集并主持，选项A当选。代表1/10以上表决权的股东即可提议召开股东会临时会议，因此，四人均可提议召开股东会临时会议，选项B不当选。有限责任公司的特别决议事项（增加、减少注册资本；修改公司章程；变更公司形式；合并、分立、解散的决议）须经代表2/3以上表决权的股东通过，选项C、D不当选。

8.【答案】D

【解析】本题考核董事、监事、高管的任职资格。根据规定，担任因违法被吊销营业执照、责令关闭的公司、企业的法定代表人，并负有个人责任的，自该公司、企业被吊销营业执照之日起未逾3年的，不得再担任董事，选项D正确。

9.【答案】D

【解析】有限责任公司监事会主席由全体监事过半数选举产生，选项A不正确；监事每届任期3年，每届任期届满，连选可以连任，选项B不正确；董事、高级管理人员不得兼任监事，选项C不正确。股东人数较少或者规模较小的有限责任公司，可以设1名监事，不设立监事会，选项D正确。

10.【答案】D

【解析】普通合伙企业的债务首先由合伙企业财产优先清偿；合伙企业不能清偿到期债务的，全体合伙人承担无限连带责任；合伙人承担责任后，超过规定的亏损分担比例的，有权向其他合伙人追偿。本题中，约定债务由各合伙人平均承担，因此，每人应承担3万元（12/4），甲多承担了6万元，乙刚好承担了3万元，因此，甲多承担的6万元只能向丙和丁各追偿3万元。

11.【答案】D

【解析】本题考核普通合伙人的义务。根据规定，合伙人不得自营或者同他人合作经营与本合伙企业相竞争的业务，故选项D的说法正确。

12.【答案】C

【解析】在设立和转让动产物权之前，受让人已经占有该动产的，则物权变动自出让人和受让人之间所订立的、以物权变动为内容的法律行为生效时发生效力，题述情形属于简易交付的情形，甲取得轿车所有权的时间应为2025年5月23日，选项C正确。

13.【答案】B

【解析】本题考查按份共有。共有人对共有的不动产或者动产没有约定为按份共有或者共同共有，或者约定不明确的，除共有人为家庭关系外，视为按份共有，因此，本题中应为按份共有。按份共有人对共有的不动产或者动产享有的份额，没有约定或者约定不明确的，按照出资额确定；不能确定出资额的，视为等额享有，本题 6 人等额享有共有物。按份共有中，处分共有的不动产或者动产，应当经占份额 2/3 以上的按份共有人同意，但共有人之间另有约定的除外。本题中应为 4 人。

14.【答案】B

【解析】抵押权均已登记的，按照登记的时间先后进行清偿。若不交换抵押权顺位，当甲公司未能偿还到期借款，则应按照"乙公司、丙公司、丁公司"的先后顺序清偿。现甲公司未偿还到期借款，若不变更抵押权的顺序，丙公司作为第二顺位的抵押权人，可以得到清偿 200 万元。乙公司和丁公司交换抵押权的顺位后，若取得丙公司书面同意，丁公司应得 350 万元，丙公司得 50 万元，乙公司未获清偿。但若未经丙公司的书面同意，不得对丙公司产生不利影响。丙公司应得到清偿的数额按不变更抵押权顺位仍为 200 万元，剩余 200 万元向丁公司清偿。

15.【答案】C

【解析】本题考查简易交付。根据物权法律制度的规定，动产物权设立和转让前，权利人已经占有该动产的，物权自民事法律行为生效时发生效力，即甲、乙之间买卖合同生效时，甲取得该相机所有权，选项 C 正确。

16.【答案】C

【解析】同一动产上已设立抵押权或者质权，该动产又被留置的，留置权人优先受偿。留置权人与债务人应当约定留置财产后的债务履行期间；没有约定或者约定不明确的，留置权人应当给债务人 60 日以上债务履行的期间，但鲜活易腐等不易保管的动产除外。债务人逾期未履行的，留置权人可以与债务人协议以留置财产所得的价款优先受偿，选项 C 正确。

17.【答案】B

【解析】本题考查合同成立的地点。当事人采用合同书、确认书形式订立合同的，双方当事人签名、盖章或者按指印不在同一地点的，最后签名、盖章或者按指印的地点为合同成立地点。当事人对合同的成立地点另有约定的，按照其约定。采用书面形式订立合同，合同约定的成立地点与实际签字或者盖章地点不符的，应当认定约定的地点为合同成立地点，选项 B 正确。

18.【答案】A

【解析】借款合同对支付利息没有约定的，视为没有利息，选项 A 正确。不具有完全代偿能力的法人、其他组织或者自然人，以保证人身份订立保证合同后，又以自己没有代偿能力要求免除保证责任的，人民法院不予支持，选项 B 错误。第三人单方以书面形式向债权人作出保证，债权人接受且未提出异议的，保证合同成立，选项 C 错误。当事人对保证方式没有约定或者约定不明确的，按照一般保证承担保证责任，选项 D 错误。

19.【答案】B

【解析】债权人应以自己的名义行使撤销权，向被告住所地人民法院提起诉讼，选项 B 正确。债务人"以明显不合理价格交易"，有害于债权人债权的实现时，当与债务人交易的第三人为恶意时，债权人方可行使撤销权，撤销债务人不当处分财产的行为，选项 A 错误。撤销权自债权人知道或者应当知道撤销事由之日起 1 年内行使。若债权人不知道且不应知道撤销事由的存在，撤销权须自债务人的行为发生之日起 5 年内行使，选项 C 错误。债权人行使撤销权的必要费用，由债务人负担，选项 D 错误。

20.【答案】C

【解析】赠与人的经济状况显著恶化，严重影响其生产经营或者家庭生活的，可以不再履行赠与义务。

21.【答案】C

【解析】商品房的销售广告和宣传资料为要约邀请，但是出卖人就商品房开发规划范围内的房屋及相关设施所作的说明和允诺具体确定，并对商品房买卖合同的订立以及房屋价格的确定有重大影响的，应当视为要约。该说明和允诺即使未载入商品房买卖合同，亦应当视为合同内容，当事人违反的，应当承担违约责任。

22.【答案】C

【解析】变更票据上的签章的，属于票据的伪造，而不属于票据的变造，本题选 C。

23.【答案】C

【解析】选项 A，票据上有伪造签章的，不影响票据上其他真实签章的效力。持票人依法提示承兑、提示付款或者行使追索权时，在票据上真实签章的人不能以票据伪造为由进行抗辩。选项 B、D，票据伪造的，被伪造人不承担票据责任。伪造人没有以自己的名义"在票据上"签章，因此不承担"票据责任"。但是，如果伪造人的行为给他人造成损失的，应承担"民事责任"；构成犯罪的，还应承担"刑事责任"。选项 C，票据的伪造包括票据的伪造和票据上签章的伪造。前者是指假冒他人或者虚构人的名义进行出票行为，如在空白票据上伪造出票人的签章或者盗盖出票人的印章而进行出票；后者是指假冒他人名义进行出票行为之外的其他票据行为，如伪造背书签章、承兑签章、保证签章等。

24.【答案】C

【解析】选项 A、B，收购人需要变更收购要约的，应当及时公告，载明具体变更事项。收购要约期限届满前 15 日内，收购人不得变更收购要约，但是出现竞争要约的除外。选项 C、D，在收购要约确定的承诺期限内，收购人不得撤销其收购要约。

25.【答案】B

【解析】内幕信息的知情人员之一：持有公司 5% 以上股份的股东及其董事、监事、高级管理人员，公司的实际控制人及其董事、监事、高级管理人员。

26.【答案】B

【解析】保险人的合同解除权，自保险人"知道有解除事由"之日起，超过 30 日不行使而消灭。"自合同成立之日起"超过 2 年的，保险人不得解除合同，发生保险事故的，保险人应当承担赔偿或者给付保险金的责任。

27.【答案】D

【解析】转移性收入，是指上级税收返还和转移支付、下级上解收入、调入资金以及按照财政部规定列入转移性收入的无隶属关系政府的无偿援助。

28.【答案】A

【解析】预算年度自每年 1 月 1 日起，至同年 12 月 31 日止。

29.【答案】B

【解析】国家取得的下列国有资本收入，以及下列收入的支出，应当编制国有资本经营预算：（1）从国家出资企业分得的利润；（2）国有资产转让收入；（3）从国家出资企业取得的清算收入；（4）其他国有资本收入。选项 B 错误。

30.【答案】A

【解析】本题考查政府采购程序。投标保证金应当以支票、汇票、本票或者金融机构、担保机构出具的保函等非现金形式提交，选项 A 错误。

二、多项选择题

1.【答案】ABC

【解析】选项 A、B、C，单方民事法律行为是根据一方当事人的意思表示而成立的民事法律行为，无须他方的同意即可发生法律效力，如撤销权的行使、解除权的行使、无权代理的追认等。选项 D，"赠与"的合同行为须双方当事人意思表示一致方能成立，赠与人将自己的财产无偿给予受赠人，且受赠人表示接受赠与，赠与有效成立。

2.【答案】AD

【解析】本题考查可撤销法律行为的种类。选项 A、D 属于可撤销的合同；选项 B 属于有效合同；选项 C 属于无效合同。可撤销的法律行为一共有四种：（1）行为人对行为内容有重大误解的；（2）受欺诈的；（3）受胁迫的；（4）显失公平的。选项 A 属于第二种情况，选项 D 属于第三种情况，均为可撤销的法律行为。

3.【答案】AD

【解析】公司申请登记或者备案的事项存在下列情形之一的，公司登记机关不予办理设立登记或者相关事项的变更登记及备案：（1）公司名称不符合企业名称登记管理相关规定的；（2）公司注册资本、股东出资期限及出资额明显异常且拒不调整的；（3）经营范围中属于在登记前依法须经批准的许可经营项目，未获得批准的；（4）涉及虚假登记的直接责任人自登记被撤销之日起 3 年内再次申请登记的；（5）可能危害国家安全、社会公共利益的；（6）其他不符合法律、行政法规规定的情形。

4.【答案】ABCD

【解析】根据《公司法》的规定，有限责任公司章程应当载明下列事项：（1）公司名称和住所；（2）公司经营范围；（3）公司注册资本；（4）股东的姓名或者名称；（5）股东的出资额、出资方式和出资日期；（6）公司的机构及其产生办法、职权、议事规则；（7）公司法定代表人的产生、变更办法；（8）股东会认为需要规定的其他事项。

5.【答案】BCD

【解析】选项A，合伙协议经全体合伙人签名、盖章后生效。

6.【答案】ABD

【解析】选项A，顾某对于高档手表属于无权占有，但因高档手表已经冲走，孙某无法再主张所有物返还请求权。选项B，蔡某偷卖婚戒属于无权处分，郭某符合善意取得构成要件，其已经基于善意取得制度取得该婚戒所有权，王某无权主张返还。选项C，标的物平板电脑仍存在，原权利人陈某可以主张返还。选项D，于某基于金某交付已经取得机器设备的所有权，徐某基于于某交付已经取得机器设备的所有权，金某不得主张返还。

7.【答案】BCD

【解析】物权优先于债权的例外包括：买卖不破租赁；先租后抵；经预告登记的债权，选项B、C、D正确。选项A体现了物权优先于债权。

8.【答案】AD

【解析】钱某与王某订立房屋买卖合同，并完成登记，王某于2025年1月取得房屋所有权，选项A正确，选项B不正确。一般情况下，无论物权成立于债权之前或之后，物权均具有优先于债权的效力，因此，房屋所有权人王某有权要求孙某返还房屋，孙某无权拒绝，选项C错误，选项D正确。

9.【答案】ABC

【解析】提存适用于债务人欲履行合同义务但无法履行的情形。具体包括：（1）债权人无正当理由拒绝受领；（2）债权人下落不明；（3）债权人死亡未确定继承人、遗产管理人或者丧失民事行为能力未确定监护人，选项A、B、C正确。

10.【答案】ABC

【解析】周某对A公司的债权尚未到期，自然不存在"怠于行使"的问题，陶某不可就此行使代位权，选项A当选。周某对钱某的"债权"是非法的，不受法律保护，陶某不可就此行使代位权，选项B当选。因事故中的人身伤害而享有的债权为"专属于债务人自身的债权"，不可被代位行使，因事故中的财产损失而享有的债权不是"专属于债务人自身的债权"，可以由陶某代位行使，选项C当选，选项D不当选。

11.【答案】ABD

【解析】根据规定，保证不得附有条件，附有条件的，不影响对汇票的保证责任，保证一旦成立，即在保证人与被保证人之间产生法律效力，保证人必须对保证行为承担相应的责任，选项C表述正确，选项A、B、D表述不正确。

12.【答案】ABCD

【解析】选项A、B、C、D均属于目前我国证券市场上发行和流通的证券。

13.【答案】ACD

【解析】投保人、被保险人故意制造保险事故的，保险人有权解除合同，不承担赔偿或者给付保险金的责任。注意是故意，不包括重大过失，选项 B 不入选。

14.【答案】ABCD

【解析】各级预算由本级政府组织执行，具体工作由本级政府财政部门负责。各部门、各单位是本部门、本单位的预算执行主体，负责本部门、本单位的预算执行，并对执行结果负责。预算年度开始后，各级预算草案在本级人民代表大会批准前，可以安排下列支出：（1）上一年度结转的支出；（2）参照上一年同期的预算支出数额安排必须支付的本年度部门基本支出、项目支出，以及对下级政府的转移性支出；（3）法律规定必须履行支付义务的支出以及用于自然灾害等突发事件处理的支出。

15.【答案】ABCD

【解析】在政府采购活动中，采购人员及相关人员与供应商有下列利害关系之一的，应当回避：（1）参加采购活动前 3 年内与供应商存在劳动关系；（2）参加采购活动前 3 年内担任供应商的董事、监事；（3）参加采购活动前 3 年内是供应商的控股股东或者实际控制人；（4）与供应商的法定代表人或者负责人有夫妻、直系血亲、三代以内旁系血亲或者近姻亲关系；（5）与供应商有其他可能影响政府采购活动公平、公正进行的关系。

三、判断题

1.【答案】√

【解析】满足下列情形之一，委托代理人实施的代理行为有效：（1）代理人不知道并且不应当知道被代理人死亡；（2）被代理人的继承人予以承认；（3）授权中明确代理权在代理事务完成时终止；（4）被代理人死亡前已经实施，为了被代理人的继承人的利益继续代理。

2.【答案】√

【解析】最高人民法院对地方各级人民法院已经发生法律效力的判决、裁定，上级人民法院对下级人民法院已经发生法律效力的判决、裁定，发现确有错误的，有权提审或者指令下级人民法院再审。

3.【答案】×

【解析】根据《公司法》规定，有限责任公司成立后，董事会应当对股东的出资情况进行核查，发现股东未按期足额缴纳公司章程规定的出资的，应当由公司向该股东发出书面催缴书，催缴出资。股东未按照公司章程规定的出资日期缴纳出资，公司依照前述规定发出书面催缴书催缴出资的，可以载明缴纳出资的宽限期；宽限期自公司发出催缴书之日起，不得少于 60 日。

4.【答案】×

【解析】合伙企业不能清偿到期债务的，债权人可以向人民法院提出破产清算申请，也可以要求普通合伙人清偿。合伙企业依法被宣告破产的，普通合伙人对合伙企业债务仍应承担无限连带责任。

5.【答案】×

【解析】以公益为目的的非营利性学校、幼儿园、医疗机构、养老机构等提供担保的，担保合同无效，但是有下列情形之一的除外：（1）在购入或者以融资租赁方式承租教育设施、医疗卫生设施、养老服务设施和其他公益设施时，出卖人、出租人为担保价款或者租金实现而在该公益设施上保留所有权。（2）以教育设施、医疗卫生设施、养老服务设施和其他公益设施以外的不动产、动产或者财产权利设立担保物权。

6.【答案】√

【解析】商品房消费者以居住为目的购买房屋并已支付全部价款，主张其房屋交付请求权优先于建设工程价款优先受偿权、抵押权以及其他债权的，人民法院应当予以支持。在房屋不能交付且无实际交付可能的情况下，商品房消费者主张价款返还请求权优先于建设工程价款优先受偿权、抵押权以及其他债权的，人民法院应当予以支持。

7.【答案】×

【解析】承诺的内容应与要约的内容一致，受要约人对要约的内容作出实质性变更的，视为新要约，受要约人对要约的内容作出非实质性变更的（除要约人及时表示反对或者要约表明承诺不得对要约的内容作出任何变更外），该承诺有效，合同的内容以承诺的内容为准。

8.【答案】√

【解析】没有代理权而以代理人名义在票据上签章的，应当由签章人承担票据责任，即签章人应承担向持票人支付票据金额的义务。

9.【答案】×

【解析】我国《保险法》规定的人寿保险的宽限期为30日或60日。依据《保险法》第三十六条，合同约定分期支付保险费，投保人支付首期保险费后，除合同另有约定外，投保人自保险人催告之日起超过30日未支付当期保险费，或者超过约定的期限60日未支付当期保险费的，合同效力中止，或者由保险人按照合同约定的条件减少保险金额。被保险人在宽限期内发生保险事故的，保险人应当按照合同约定给付保险金，但可以扣减欠交的保险费。

10.【答案】√

【解析】采购人应当自政府采购合同签订之日起2个工作日内，将政府采购合同在省级以上人民政府财政部门指定的媒体上公告，但政府采购合同中涉及国家秘密、商业秘密的内容除外。

四、简答题

1.【答案】

（1）人民法院不予支持。根据规定，出资人以房屋出资，已经交付公司使用但未办理权属变更手续，公司、其他股东或者公司债权人主张认定出资人未履行出资义务的，人民法院应当责令当事人在指定的合理期间内办理权属变更手续；在前述期间内办理了权属变更手续的，人民法院应当认定其已经履行了出资义务。本题中，赵某在人民法院指定的合理期间内办理了权属变更手续，人民法院应当认定其已经履行了出资义务。

（2）人民法院不予支持。根据规定，出资人以符合法定条件的非货币财产出资后，因市场变化或者其他客观因素导致出资财产贬值，公司、其他股东或者公司债权人请求该出资人承担补足出资责任的，人民法院不予支持，但当事人另有约定的除外。

（3）人民法院应予支持。根据规定，出资人以划拨土地使用权出资，公司、其他股东或者公司债权人主张认定出资人未履行出资义务的，人民法院应当责令当事人在指定的合理期间内办理土地变更手续；逾期未办理的，人民法院应当认定出资人未依法全面履行出资义务。本题中，乙公司未在人民法院指定的合理期间内办理土地变更手续，人民法院应当认定其未依法全面履行出资义务。

2.【答案】

（1）赵某无权自行决定以合伙企业的名义为刘某提供担保。

根据规定，除合伙协议另有约定外，以合伙企业名义为他人提供担保，应当经全体合伙人一致同意。题述情况下，甲企业的合伙协议就对外担保事项并无特别约定，因此，甲企业对外担保须经所有合伙人一致同意方为之。赵某作为合伙人之一，无权自行决定以合伙企业名义为刘某提供担保。

（2）甲企业主张买卖合同无效成立。

根据规定，合伙企业对合伙人执行合伙事务以及对外代表合伙企业权利的限制，不得对抗善意第三人。题述情况下，孙某知悉执行事务合伙人赵某的行为超越合伙企业内部权限，并不属于善意第三人，内部约定可以对抗孙某。因此，甲企业主张买卖合同无效成立。

（3）王某、李某有权撤销赵某对外签订合同的资格。

根据规定，受委托执行合伙事务的合伙人不按照合伙协议或者全体合伙人的决定执行事务的，其他合伙人可以决定撤销该委托。

3.【答案】

（1）乙公司在背书转让汇票时的相关记载无效。

背书人在背书时，记载一定的条件，以限制或者影响背书效力属于附条件背书。根据规定，背书时附有条件的，所附条件不具有汇票上的效力。

（2）丙公司超过了提示付款期限。

根据规定，定日付款、出票后定期付款或者见票后定期付款的汇票，自到期日起10日内向承兑人提示付款。题目中付款期间为2025年4月30日，丙公司5月15日才请求付款，已超期。

（3）丁银行不得拒绝付款。

根据规定，付款人承兑汇票后，到期付款的责任是一种绝对责任，承兑人的票据责任不因持票人未在法定期限提示付款而解除。持票人未按期提示付款的，在作出说明后，承兑人或者付款人仍应当继续对持票人承担付款责任。

五、综合题

【答案】

（1）赵某与钱某之间的借款合同于 2024 年 1 月 13 日成立。

根据规定，自然人之间的借款合同，自贷款人提供借款时成立。

（2）钱某对赵某出售房屋之通知未作回复不影响李某取得房屋 A 所有权。

根据规定，抵押期间，抵押人可以转让抵押财产。当事人另有约定的，按照其约定。抵押人转让抵押财产的，应当及时通知抵押权人。此外，根据规定，不动产物权的设立、变更、转让和消灭，经依法登记发生效力；未经登记不发生效力，但是法律另有规定的除外。

（3）钱某有权就房屋 A 实现抵押权。

根据规定，抵押期间抵押财产转让的，抵押权不受影响。

（4）符合法律规定。

根据规定，被担保的债权既有物的担保又有人的担保，债务人不履行到期债务或发生当事人约定的实现担保物权的情形，债权人应当按照约定实现债权；没有约定或者约定不明确，债务人自己提供物的担保的，债权人应当先就该物的担保实现债权。

（5）符合法律规定。

根据规定，当事人在保证合同中对保证方式没有约定或者约定不明确的，按照一般保证承担保证责任。

（6）孙某承担保证责任的金额为 99.75 万元（95 + 95 × 5%）。

根据规定，借款的利息不得预先在本金中扣除。利息预先在本金中扣除的，应当按照实际借款数额返还借款并计算利息。

2025 年度中级会计资格
《经济法》全真模拟试题（五）
答案速查、参考答案及解析

答案速查

一、单项选择题

1. C	2. D	3. D	4. B	5. C
6. D	7. C	8. C	9. D	10. A
11. A	12. C	13. C	14. A	15. B
16. D	17. B	18. A	19. D	20. C
21. D	22. D	23. A	24. C	25. B
26. D	27. A	28. A	29. A	30. B

二、多项选择题

1. ABCD	2. AC	3. AD	4. AD	5. BD
6. ABC	7. ABD	8. BCD	9. BCD	10. AB
11. CD	12. BCD	13. ABCD	14. BCD	15. ABC

三、判断题

1. √	2. √	3. ×	4. ×	5. ×
6. ×	7. √	8. √	9. ×	10. ×

参考答案及解析

一、单项选择题

1.【答案】C

【解析】选项A、D，是违反法律、行政法规强制性规定的，是无效的法律行为。选项B，无民事行为能力人独立实施的法律行为无效，三岁的小张是无民事行为能力人。选项C，乘人之危的法律行为，严重危害当事人的利益，才是可撤销的。这里是以市场价购入的，没有损害当事人的利益，所以是有效的。

2.【答案】D

【解析】本题考查仲裁协议无效的情形。有下列情形之一的，仲裁协议无效：（1）约定的仲裁事项超过法律规定的仲裁范围的；（2）无民事行为能力人或限制民事行为能力人订立的仲裁协议；（3）一方采取胁迫手段，迫使对方订立仲裁协议的。继承纠纷不属于法律规定的仲裁范围，因此，该仲裁协议无效，选项D正确。限制民事行为能力人订立的仲裁协议当属无效的仲裁协议，选项A错误。裁决应按多数仲裁员的意见作出，少数仲裁员的不同意见可以记入笔录。仲裁庭不能形成多数意见时，裁决应当按首席仲裁员的意见作出，选项B错误。当事人达成仲裁协议，一方向人民法院起诉未声明有仲裁协议，人民法院受理后，另一方在首次开庭前提交仲裁协议的，人民法院应当驳回起诉，选项C错误。

3.【答案】D

【解析】依照法律规定、当事人约定或者民事法律行为的性质，应当由本人实施的民事法律行为，不得代理，如订立遗嘱、婚姻登记、收养子女等，本题选项D正确。

4.【答案】B

【解析】选项A属于不动产权利人请求返还财产；选项C属于请求消除危险；选项D属于请求停止侵害，均不适用诉讼时效；选项B属于一般的侵权损害赔偿请求权，适用诉讼时效。

5.【答案】C

【解析】本题考查行政复议的申请期限。公民、法人或者其他组织认为行政行为侵犯其合法权益的，可以自知道或者应当知道该行政行为之日起60日内提出行政复议申请，但是法律规定的申请期限"超过"60日的除外，选项A错误。行政机关作出行政行为时，未告知公民、法人或者其他组织申请行政复议的权利、行政复议机关和申请期限的，申请期限自公民、法人或者其他组织知道或者应当知道申请行政复议的权利、行政复议机关和申请期限之日起计算，但是自知道或者应当知道行政行为内容之日起最长不得超过1年，选项B错误。因不动产提出的行政复议申请自行政行为作出之日起超过20年，其他行政复议申请自行政行为作出之日起超过5年的，行政复议机关不予受理。选项 C 正确，选项 D 错误。

6. 【答案】D

【解析】分公司没有独立的公司名称、章程，没有独立的财产，不具有法人资格，但可领取营业执照，进行经营活动，其民事责任由总公司承担，选项 D 正确。

7. 【答案】C

【解析】本题考查公司法人财产权。根据规定，公司为公司股东或者实际控制人提供担保的，应当经股东会决议。接受担保的股东或者受接受担保的实际控制人支配的股东，不得参加前述规定事项的表决。该项表决由出席会议的其他股东所持表决权的过半数通过，选项 C 错误。

8. 【答案】C

【解析】有下列情形之一的，对股东会该项决议投反对票的股东可以请求公司按照合理的价格收购其股权，退出公司：（1）公司连续 5 年不向股东分配利润，而公司该 5 年连续盈利，并且符合《公司法》规定的分配利润条件的；（2）公司合并、分立、转让主要财产的；（3）公司章程规定的营业期限届满或者章程规定的其他解散事由出现，股东会通过决议修改章程使公司存续的。

9. 【答案】D

【解析】公司董事给公司造成损失的行为，符合条件的股东可以书面请求监事会向人民法院提起诉讼。以上请求被拒绝，或者自收到请求之日起 30 日内未提起诉讼，或者情况紧急、不立即提起诉讼将会使公司利益受到难以弥补的损害的，符合条件的股东有权为了公司的利益以自己的名义直接向人民法院提起诉讼。

10. 【答案】A

【解析】本题考查合伙企业的财产。合伙企业的财产包括：（1）合伙人的出资。（2）以合伙企业名义取得的收益。（3）依法取得的其他财产。合伙人孙某因车祸对王某的债权属于合伙人个人财产，而非甲合伙企业财产。

11. 【答案】A

【解析】在普通合伙企业中，各合伙人无论其出资多少，都有权平等享有执行合伙企业事务的权利，选项 A 正确。普通合伙人不得自营或者同他人合作经营与本合伙企业相竞争的业务，选项 B 错误。合伙人有权查阅合伙企业会计账簿等财务资料，选项 C 错误。合伙企业聘用的经营管理人员仅是合伙企业的经营管理人员，不是合伙企业的合伙人，因而不具有合伙人的资格，选项 D 错误。

12. 【答案】C

【解析】对于约定不明确的共有关系，除共有人具有家庭关系等之外，均视为按份共有，故选项 A 错误。不论是按份共有人还是共同共有人，因共有的财产对外造成损失的，均应该承担连带的赔偿责任，除非法律另有规定或第三人知道共有人不具有连带关系的，故选项 B 错误。优先购买权受到侵害，只能向侵权人请求侵权性质的损害赔偿救济，不能请求撤销共有份额转让合同或者认定该合同无效，故选项 D 错误。

13. 【答案】C

【解析】依据两个独立存在的物在用途上客观存在的主从关系，将物分为主物与从物。同属一人所有的两个独立存在的物，结合起来才能发挥效用的，构成主物与从物关系。其中，主物，是指独立存在，与他物结合使用中有主要效用的物；从物，指在两个独立物结合使用中处于附属地位、起辅助和配合作用的物。本题中只有杯子和杯盖在用途上存在主从关系，杯子为主物，杯盖为从物。

14.【答案】A

【解析】本题考查抵押财产的范围。正在建造的建筑物、船舶、航空器可以设立抵押权，选项 A 正确。土地所有权、被法院查封的车辆不得设立抵押权，选项 B、D 错误。股票可以用于设立质权，不得用于设立抵押权，选项 C 错误。

15.【答案】B

【解析】本题考查用益物权。"居住用地"建设用地试用期满的，自动续期，并非所有建设用地使用权均期满自动续期，选项 A 错误。建设用地使用权的设立和转让，以登记为生效要件，选项 B 正确。林地的土地承包经营权的存续期限为 30～70 年，选项 C 错误。居住权不得转让、继承；居住权期限届满或者居住权人死亡的，居住权消灭，选项 D 错误。

16.【答案】D

【解析】本题考查抵押权。化肥、设备均为动产，其抵押自抵押合同生效时设立，选项 A、B 错误。动产抵押未经登记，不得对抗善意第三人；动产抵押无论登记与否，均不得对抗正常经营活动中已支付合理价款并取得抵押财产的买受人。本题中，张某、李某均以合理价款买走抵押物，但甲企业是一家化肥厂，其出售化肥的行为是正常经营活动，但其转让持续使用的生产设备的行为并不在"正常经营活动"范围之内。因此，乙银行的抵押权不可对抗张某，但可以对抗李某，即乙银行可以对李某已经买走的设备行使抵押权，选项 C 错误，选项 D 正确。

17.【答案】B

【解析】本题考查债务转让的效力。在题述情况下，经过债权人李某的同意，张某付款的责任已转让给陶某，陶某未如约付款的，应自行承担违约责任，选项 B 正确。

18.【答案】A

【解析】根据《民法典》的规定，债权人转让权利的，应当通知债务人。未经通知，该转让对债务人不发生效力。债务人接到债权转让通知后，债务人对让与人的抗辩，可以向受让人主张。另外，因不可抗力致使不能实现合同目的，当事人可以解除合同。本题中，甲不能向乙交付古董，所以乙可以解除与其签订的合同。另外，乙可以抗辩甲，则债务人乙对让与人甲的抗辩，可以向受让人丙主张，因此乙可以拒绝丙的付款请求。所以选项 A 是正确的。

19.【答案】D

【解析】电话交谈方式属于口头形式。

20.【答案】C

【解析】标的物提存后，毁损、灭失的风险由债权人承担。提存期间，标的物的孳息归债权人所有。提存费用由债权人负担。债权人领取提存物的权利，自提存之日起 5 年内不行使而消灭，提存物扣除提存费用后归国家所有。

21.【答案】D

【解析】有下列情形之一的，保证人不得行使先诉抗辩权：（1）债务人住所变更，致使债权人要求其履行债务发生重大困难的，如债务人下落不明、移居境外，且无财产可供执行；（2）人民法院受理债务人破产案件，中止执行程序的；（3）债权人有证据证明债务人的财产不足以履行全部债务或者丧失履行债务能力的；（4）保证人以书面形式放弃先诉抗辩权的。

22.【答案】D

【解析】在支票中，金额和收款人名称可以由出票人授权补记。

23.【答案】A

【解析】选项 B，公司新增借款或者对外提供担保超过上年年末净资产的20%；选项 C，公司放弃债权或者财产超过上年年末净资产的10%；选项 D，公司发生超过上年年末净资产10%的重大损失。

24.【答案】C

【解析】上市公司面临严重财务困难，收购人提出的挽救公司的重组方案取得该公司股东大会批准，且收购人承诺 3 年内不转让其在该公司中所拥有的权益，收购人可以免于以要约方式增持股份。

25.【答案】B

【解析】以被保险人死亡为给付保险金条件的合同，自合同成立或者合同效力恢复之日起 2 年内，被保险人自杀的，保险人不承担给付保险金的责任，但被保险人自杀时为无民事行为能力人的除外。本题中，2023 年刘某的儿子自杀时已经超过了 2 年，故保险公司应承担给付保险金的责任。

26.【答案】D

【解析】人寿保险的被保险人或者受益人向保险人请求给付保险金的诉讼时效期间为 5 年，自其知道或者应当知道保险事故发生之日起计算。人寿保险以外的其他保险的被保险人或者受益人，向保险人请求赔偿或者给付保险金的诉讼时效期间为 2 年，自其知道或者应当知道保险事故发生之日起计算。

27.【答案】A

【解析】国务院和县级以上地方各级政府对下一级政府依照预算法条规定报送备案的预算，认为有同法律、行政法规相抵触或者有其他不适当之处，需要撤销批准预算的决议的，应当提请本级人民代表大会常务委员会审议决定。

28.【答案】A

【解析】行政单位国有资产应当用于本单位履行职能的需要。除法律另有规定外，行政单位不得以任何形式将国有资产用于对外投资或者设立营利性组织。

29.【答案】A

【解析】选项 B，招标文件规定的各项技术标准应当符合国家强制性标准。选项 C，任何单位和个人不得违法限制或者排斥本地区、本系统以外的法人或者其他组织参加投标，不得以任何方式非法干涉招标投标活动。选项D，采购人采购货物或者服务应当采用公开招标方式的，其具体数额标准，属于中央预算的政府采购项目，由国务院规定；属于地方预算的政府采购项目，由省、自治区、直辖市人民政府规定。

30.【答案】B

【解析】政府采购合同履行中，采购人需追加与合同标的相同的货物、工程或者服务的，在不改变合同其他条款的前提下，可以与供应商协商签订补充合同，但所有补充合同的采购金额不得超过原合同采购金额的10%。

二、多项选择题

1.【答案】ABCD

【解析】当事人申请再审，有下列情形之一的，人民法院不予受理：（1）再审申请被驳回后再次提出申请的；（2）对再审判决、裁定提出申请的；（3）在人民检察院对当事人的申请作出不予提出再审检察建议或者抗诉决定后又提出申请的。

2.【答案】AC

【解析】只有在下列两种情况下才允许转委托代理：（1）被代理人允许，包括事先同意和事后追认；（2）出现紧急情况，如急病、通信联络中断、疫情防控等特殊原因，委托代理人自己不能办理代理事项，又不能与被代理人及时取得联系，如不及时转委托第三人代理，会给被代理人造成损失或扩大损失。

3.【答案】AD

【解析】（1）董事李某应当回避，无关联关系的董事人数为10人；（2）董事张某、刘某未参加本次会议，出席会议的无关联关系董事人数为8人，超过了无关联关系董事人数的半数，符合会议召开条件；（3）无关联关系的董事人数为10人，赞成票为5票，未超过无关联关系董事人数的半数，该决议不成立（而非无效）。

4.【答案】AD

【解析】公司章程规定的营业期限届满或者公司章程规定的其他解散事由出现，且尚未向股东分配财产的，可以通过修改公司章程或者经股东会决议而存续。公司依照前述规定修改公司章程或者经股东会决议，有限责任公司须经持有2/3以上表决权的股东通过，选项A、D错误。

5.【答案】BD

【解析】公司分配当年税后利润时，应当提取利润的10%列入公司法定公积金。当公司法定公积金累计额为公司注册资本的50%以上时，可以不再提取，选项A错误，选项B正确。公积金弥补公司亏损，应当先使用任意公积金和法定公积金；仍不能弥补的，可以按照规定使用资本公积金，选项C的说法错误。股份有限公司以超过股票票面金额的发行价格发行股份所得的溢价款、发行无面额股所得股款未计入注册资本的金额以及国务院财政部门规定列入资本公积金的其他项目，应当列为公司资本公积金，选项D正确。

6. 【答案】ABC

【解析】选项 D，合伙人之间转让在合伙企业中的全部或者部分财产份额时，应当通知其他合伙人。

7. 【答案】ABD

【解析】选项 A 错误，不动产物权的权利人请求返还财产，不适用诉讼时效抗辩；选项 B、D 错误，赵明因继承取得房产所有权，自继承开始日（2023 年 4 月）时，房产归赵明所有，不必公示（即不必办理房屋所有权转移登记）。

8. 【答案】BCD

【解析】选项 A 正确，选项 C 错误，抵押权人有权收取孳息的起始时间为"扣押之日"而非"不履行债务之日"；选项 B 错误，以房屋建筑物抵押的，应当办理抵押登记，抵押权自登记时设立；选项 D 错误，房屋租金属于法定孳息。

9. 【答案】BCD

【解析】"租期届满后，赵某拒绝腾退房屋"，此为无权占有，选项 D 正确。赵某明知租期届满却拒绝退房，此为恶意占有，选项 B 正确；房屋正在被赵某占有，此为直接占有，选项 C 正确。

10. 【答案】AB

【解析】当事人采用合同书形式订立合同的，自双方当事人签名、盖章或者按指印时合同成立。当事人采用合同书、确认书形式订立合同的，双方当事人签名、盖章或者按指印的地点为合同成立的地点；双方当事人签名、盖章或者按指印不在同一地点的，最后签名、盖章或者按指印的地点为合同成立地点。本题中，该合同于 6 月 6 日在北京由最后一方完成盖章，因此，其成立时间是 6 月 6 日，成立地点是北京，选项 A、B 正确、选项 C、D 错误。

11. 【答案】CD

【解析】下列情形属于合同解除的法定事由：（1）因不可抗力致使不能实现合同目的。（2）预期违约。（3）当事人一方迟延履行主要债务，经催告后在合理期限内仍未履行。（4）当事人一方迟延履行债务或者有其他违约行为致使不能实现合同目的。（5）法律规定的其他情形。

12. 【答案】BCD

【解析】本票自出票日起，付款期限最长不得超过 2 个月，选项 A 错误。"无条件支付的承诺"为本票绝对记载事项，选项 B 正确。本票、支票无须承兑，选项 C 正确。我国本票仅限于银行本票，企业不能签发本票，且签发本票时，收款人确定，应属记名本票，选项 D 正确。

13. 【答案】ABCD

【解析】《证券法》规定：在中华人民共和国境内，股票、公司债券、存托凭证和国务院依法认定的其他证券的发行和交易，适用本法；本法未规定的，适用《中华人民共和国公司法》和其他法律、行政法规的规定。政府债券、证券投资基金份额的上市交易，适用本法；其他法律、行政法规另有规定的，适用其规定。资产支持证券、资产管理产品发行、交易的管理办法，由国务院依照本法的原则规定。

14.【答案】BCD

【解析】本题考查转移性收入。转移性收入，是指上级税收返还和转移支付、下级上解收入、调入资金以及按照财政部规定列入转移性收入的无隶属关系政府的无偿援助，选项 B、C、D 正确。矿藏、水流、海域、无居民海岛以及法律规定属于国家所有的森林、草原等属于国有资源（资产）有偿使用收入，选项 A 错误。

15.【答案】ABC

【解析】本题考查企业国有资产及重大事项管理。重要的国有独资企业、国有独资公司分立、合并、破产、解散的，应当由国有资产监督管理机构审核后，报本级人民政府批准，选项 A、B、C 正确。国有资产监督管理机构依照法定程序决定其所出资企业中的国有独资企业、国有独资公司的分立、合并、破产、解散、增减资本、发行公司债券等重大事项，选项 D 应由国有资产监督管理机构决定，无须报本级政府批准。

三、判断题

1.【答案】√

【解析】本题考查划分法律部门的主要标准。本题所述正确。

2.【答案】√

【解析】本题所述正确。

3.【答案】×

【解析】公司股东死亡、注销或者被撤销，导致公司无法办理注销登记的，可以由该股东股权的全体合法继受主体或者该股东的全体投资人代为依法办理注销登记相关事项，并在注销决议上说明代为办理注销登记的相关情况。

4.【答案】×

【解析】有限合伙人清偿其债务时，应当先以其自有财产进行清偿。有限合伙人的自有财产不足清偿其与合伙企业无关的债务的，该合伙人才可以以其从有限合伙企业中分取的收益用于清偿，或者债权人才可以依法请求人民法院强制执行该合伙人在有限合伙企业中的财产份额用于清偿。

5.【答案】×

【解析】抵押权人在债务履行期届满前，与抵押人约定债务人不履行到期债务时抵押财产归债权人所有的，这种条款称为"流押条款"。当事人在抵押合同中约定流押条款的，债务人不履行到期债务时，抵押权人并不能直接取得抵押财产的所有权，只能依法就抵押财产优先受偿。

6.【答案】×

【解析】对格式条款的理解发生争议的，应当按照通常理解予以解释。对格式条款有两种以上解释的，应当作出不利于提供格式条款一方的解释；格式条款和非格式条款不一致的，应当采用非格式条款。本题所述错误。

7.【答案】√

【解析】书面形式是指合同书、信件和数据电文（包括电报、电传、传真、电子数据交换和电子邮件）等可以有形地表现所载内容的形式。

8.【答案】√

【解析】填明"现金"字样的银行汇票、银行本票和现金支票不得背书转让，因此这些票据不能申请公示催告。

9.【答案】×

【解析】在收购要约确定的承诺期限内，收购人不得撤销其收购要约。

10.【答案】×

【解析】国务院在全国人民代表大会举行会议时，向大会作关于中央和地方预算草案以及中央和地方预算执行情况的报告。

四、简答题

1.【答案】

（1）不符合。

根据规定，公司董事、监事、高级管理人员应当向公司申报所持有的本公司的股份及其变动情况。在题述情形下，张某作为甲公司的董事，应当向甲公司报告其买入甲公司股份的行为。

（2）不符合。

根据规定，公司董事、监事、高级管理人员所持本公司股份自公司股票上市交易之日起1年内不得转让。在题述情形下，李某在2024年9月转让其持有的甲公司股份，距离甲公司上市交易日2024年1月不满1年。

（3）不符合。

根据规定，公司董事、监事、高级管理人员离职后半年内，不得转让其所持有的本公司股份。在题述情形下，王某于2024年12月离职，至2025年4月转让股份时未满半年。

2.【答案】

（1）该约定不合法。

根据规定，普通合伙人以其在合伙企业中的财产份额出质的，须经其他合伙人一致同意；未经其他合伙人一致同意，其行为无效。普通合伙人对外出质属于法定一致情形，不得通过合伙协议约定改变通过标准，因此，该约定不合法。

（2）甲企业无权主张该合同无效。

根据规定，合伙人执行合伙事务的权利和对外代表合伙企业的权利，不得对抗善意第三人。

向阳公司对于甲企业对张某执行合伙事务的限制并不知情，属善意第三人，因此，甲企业无权主张该合同无效。

（3）郑某拒绝对向阳公司承担责任的理由不合法。

根据规定，普通合伙人对入伙前合伙企业的债务承担无限连带责任。

郑某虽在合同订立后加入合伙企业，但仍应对加入合伙企业前合伙企业的债务承担无限连带责任。

3.【答案】

（1）不合法。

根据规定，被保险人、受让人依法及时向保险人发出保险标的转让通知后保险人作出答复前，发生保险事故，被保险人或者受让人主张保险人按照保险合同承担赔偿保险金的责任的，人民法院应予支持。

（2）不合法。

根据规定，保险人已向投保人履行了《保险法》规定的提示和明确说明义务。保险标的的受让人以保险标的的转让后保险人未向其提示或者明确说明为由，主张免除保险人责任的条款不成为合同内容的，人民法院不予支持。

（3）不合法。

根据规定，除《保险法》另有规定或者保险合同另有约定外，保险合同成立后，投保人可以解除合同，保险人不得解除合同。合同解除的，保险人应将保险标的的未受损失部分的保险费按照合同约定扣除自保险责任开始之日起至合同解除之日止应收的部分后，退还投保人。

五、综合题

【答案】

（1）2023年5月20日，根据物权法律制度的规定，动产抵押，抵押权自抵押合同生效时设立，未经登记，不得对抗善意第三人。

（2）丙厂的行为没有法律依据。根据物权法律制度的规定，债权人与债务人应当在合同中约定留置财产后的债务履行期限；没有约定或者约定不明确的，债权人留置债务人财产后，应当确定60日以上的期限，通知债务人在该期限内履行债务（但是鲜活易腐等不易保管的动产除外）。

（3）租期未到的情况下，钱某无权要求赵某交还房屋A。根据合同法律制度的规定，租赁物在租赁期限发生所有权变动的，不影响租赁合同的效力。

（4）戊银行的主张成立。同一抵押财产为数项债权设定抵押，抵押物拍卖或变卖金额不足以清偿全部抵押债权时，抵押权已登记的，按照登记的先后顺序清偿。戊银行于6月15日登记，丁银行于6月20日登记，戊银行的顺位在先。

（5）孙某有权要求李某赔偿2万元律师费、交通费。根据合同法律制度的规定，无偿的委托合同，因受托人的故意或者重大过失造成委托人损失的，委托人可以请求赔偿损失。

（6）周某不能取得房屋A的所有权。周某不符合善意取得的要件；交易价格明显低于正常的市场价格，因而在价格不合理的情况下，周某不构成善意。

2025 年度中级会计资格
《经济法》全真模拟试题（六）
答案速查、参考答案及解析

答案速查

一、单项选择题

1. D	2. C	3. D	4. A	5. C
6. A	7. C	8. C	9. C	10. A
11. C	12. B	13. C	14. B	15. D
16. D	17. A	18. D	19. A	20. D
21. B	22. B	23. B	24. B	25. B
26. B	27. D	28. B	29. C	30. D

二、多项选择题

1. ABCD	2. ACD	3. ABCD	4. BD	5. ABC
6. ABD	7. ABC	8. ABD	9. BCD	10. BCD
11. ACD	12. ABC	13. AD	14. ABCD	15. ABCD

三、判断题

1. ×	2. ×	3. √	4. ×	5. ×
6. ×	7. √	8. ×	9. ×	10. √

参考答案及解析

一、单项选择题

1. 【答案】D

【解析】从年龄判断，小林是限制民事行为能力人，根据一般社会经验，其所订立的合同属于与小林的年龄、智力或精神健康状况不相适应的法律行为，属于效力待定合同，需要小林的法定代理人决定是否追认。本题应选择选项 D。

2. 【答案】C

【解析】本题考核行政诉讼的受理范围。选项 C，制定行政法规、规章是立法行为，不由法院监督，因此不能对行政法规、规章提起行政诉讼。法院可以应请求对行政行为所依据的国务院部门和地方人民政府及其部门制定的规范性文件（不含规章）进行审查，经审查认为不合法的，可以通过司法建议形式，建议制定机关修改或者废止。

3. 【答案】D

【解析】选项 A，代理行为的法律后果直接归属于被代理人。选项 B，代理人必须以被代理人的名义实施法律行为。选项 C，代理人在代理权限内独立地向第三人进行意思表示。非独立进行意思表示的行为，不属于代理行为，例如传递信息、中介行为等。

4. 【答案】A

【解析】最长诉讼时效是指期间为 20 年的诉讼时效期间。最长诉讼时效期间从权利被侵害时计算，而非从权利人知道或者应当知道权利受到损害以及义务人之日起计算。最长诉讼时效期间可以适用诉讼时效的延长，但不适用诉讼时效期间的中断、中止等规定。

5. 【答案】C

【解析】选项 A 错误，撤销权由有撤销权的当事人请求人民法院或者仲裁机构予以撤销，人民法院或者仲裁机构不主动适用。选项 B 错误，撤销权的行使要受时间的限制：因重大误解行使撤销权的期间是 90 日，因其他事由行使撤销权的期间是 1 年，自知道或应当知道撤销事由之日起计算（受胁迫的，自胁迫行为终止之日起 1 年）；撤销权行使的最长期间是 5 年，自法律行为发生之日起计算。选项 D 错误，可撤销民事法律行为在成立之时具有法律效力，对当事人有约束力，但一经撤销，其效力溯及至行为开始，即自行为开始时无效。

6. 【答案】A

【解析】出资人以房屋、土地使用权或者需要办理权属登记的知识产权等财产出资，已经交付公司使用但未办理权属变更手续的，当公司、其他股东或者公司债权人主张认定出资人未履行出资义务的，人民法院应当责令当事人在指定的合理期间内办理权属变更手续；在前述期间内办理了权属变更手续的，人民法院应当认定其已经履行了出资义务；出资人主张自其实际交付财产给公司使用时享有相应的股东权利的，人民法院应予支持。

7.【答案】C

【解析】设置审计委员会行使监事会职权的公司，应当在进行董事备案时标明相关董事担任审计委员会成员的信息。公司设立登记时应当依法对登记联络员进行备案，登记联络员可以由公司法定代表人、董事、监事、高级管理人员、股东、员工等人员担任。

8.【答案】C

【解析】本题考查独立董事的任职资格。选项 A，在上市公司或者其附属企业任职的人员及其配偶、父母、子女、主要社会关系，不得担任独立董事；选项 B、D，直接或者间接持有上市公司已发行股份 1% 以上或者是上市公司前 10 名股东中的自然人股东及其配偶、父母、子女，不得担任独立董事。在直接或者间接持有上市公司已发行股份 5% 以上的股东或者在上市公司前 5 名股东任职的人员及其配偶、父母、子女，选项 C 正确。

9.【答案】C

【解析】合伙协议对损益分配未约定或者约定不明确的，由合伙人协商决定；协商不成的，由合伙人按照实缴出资比例分配、分担；无法确定出资比例的，由合伙人平均分配、分担。因此，选项 C 正确。

10.【答案】A

【解析】合伙人发生与合伙企业无关的债务，相关债权人不得以其债权抵销其对合伙企业的债务，选项 C 错误。也不得代位行使合伙人在合伙企业中的权利，选项 D 错误。合伙人的自有财产不足清偿其与合伙企业无关的债务的，该合伙人可以以其从合伙企业中分取的收益用于清偿，选项 A 正确。债权人也可以依法请求人民法院强制执行该合伙人在合伙企业中的财产份额用于清偿，选项 B 错误。

11.【答案】C

【解析】根据规定，有限合伙人转变为普通合伙人的，对其作为有限合伙人期间有限合伙企业发生的债务承担无限连带责任。普通合伙人转变为有限合伙人的，对其作为普通合伙人期间合伙企业发生的债务承担无限连带责任。本题中，甲应对其作为普通合伙人期间合伙企业发生的债务承担无限连带责任，丙应对其作为有限合伙人期间有限合伙企业发生的债务承担无限连带责任。因此，选项 C 正确。

12.【答案】B

【解析】合伙人有下列情形之一的，经其他合伙人一致同意，可以决议将其除名：（1）未履行出资义务；（2）因故意或者重大过失给合伙企业造成损失；（3）执行合伙事务时有不正当行为；（4）发生合伙协议约定的事由。

13.【答案】C

【解析】以仓单设质的，不仅在仓单上记载"质押"字样，而且经"保管人签章"，自仓单交付质权人时设立，因此选项 A 错误。保管人为同一货物签发多份仓单，出质人在多份仓单上设立多个质权，按照公示的先后确定清偿顺序，选项 B 错误。在同一货物签发多份仓单设立多个质权的，债权人举证证明其损失系由出质人与保管人的共同行为所致，可以请求出质人与保管人承担连带责任，故选项 D 错误。

14.【答案】B

【解析】因合法建造、拆除房屋等事实行为设立或者消灭物权的，自事实行为成就时发生效力，选项 B 错误。

15.【答案】D

【解析】消除危险请求权，是指物权人对于有妨害其物权的危险情形，可以请求予以消除的权利，旨在阻却将来可能发生的对物的危险，选项 D 正确。本题不涉及物权确认和侵害物权造成损失需要赔偿的情况，选项 A、C 错误。妨害，是指以占有侵夺与占有扣留以外的方法阻碍或侵害物权的支配可能性，妨害排除请求权以妨害的存在为前提，本题中火灾并未发生，选项 B 错误。

16.【答案】D

【解析】订立抵押合同前抵押财产已出租并转移占有的，原租赁关系不受该抵押权的影响。本案租赁发生在先，在后抵押不破在先租赁，李四无权主张租赁关系终止，因原租赁关系不受抵押权的影响。因此，选项 D 正确。

17.【答案】A

【解析】抵押物折价或者拍卖、变卖所得的价款，当事人没有约定的，按下列顺序清偿：（1）实现抵押权的费用；（2）主债权的利息；（3）主债权。抵押财产折价或者拍卖、变卖后，其价款超过债权数额的部分归抵押人所有，不足部分由债务人清偿。选项 A 当选。

18.【答案】D

【解析】选项 D，因标的物不符合质量要求，致使不能实现合同目的的，买受人可以拒绝接受标的物或者解除合同；买受人拒绝接受标的物或者解除合同的，标的物毁损、灭失的风险由出卖人承担。

19.【答案】A

【解析】（1）未约定保证期间的，保证期间为主债务履行期届满之日起 6 个月（2024 年 1 月 1 日~2024 年 6 月 30 日）；（2）债权人与债务人变更主债权债务合同的履行期限，未经保证人书面同意的，保证期间不受影响；（3）连带责任保证的债权人未在保证期间请求保证人承担保证责任的，保证人不再承担保证责任。

20.【答案】D

【解析】混同，即债权债务同归于一人，致使合同关系消灭的事实，选项 D 正确。

21.【答案】B

【解析】定金的数额由当事人约定，但是不得超过主合同标的额的20%，超过部分不产生定金的效力。本题中，能够产生定金效力的金额为 60 万元（300×20%）。

22.【答案】B

【解析】选项 A，履行费用的负担不明确的，由履行义务一方负担；因债权人原因增加的履行费用，由债权人负担。选项 C，履行地点不明确，给付货币的，在接受货币一方所在地履行。选项 D，价款或者报酬不明确，按照订立合同时履行地的市场价格履行；依法应当执行政府定价或政府指导价的，依照规定履行。

23.【答案】B

【解析】选项 A、B，题目中是"债务人放弃债权"的行为，是适用撤销权，不适用代位权，因此选项 A 错误，选项 B 正确。选项 C，行使撤销权的必要费用由债务人承担。选项 D，撤销权自债权人"知道或者应当知道"撤销事由之日起 1 年内行使；自债务人的"行为发生之日"起 5 年内没有行使撤销权的，该撤销权消灭。

24.【答案】B

【解析】持票人对商业汇票的出票人的追索权，自票据到期日起 2 年。

25.【答案】B

【解析】选项 A，发行人申请公开发行股票依法采取承销方式的，应当聘请"证券公司"担任保荐人；选项 C，代销证券的期限最长不应超过 90 天；选项 D，发行人不得在公告公开发行募集文件前发行证券。

26.【答案】B

【解析】选项 B，保险人应以自己的名义行使保险代位求偿权，而不是以被保险人的名义。

27.【答案】D

【解析】以死亡为给付保险金条件的合同，未经被保险人同意并认可保险金额的，保险合同无效，父母为其未成年子女投保的人身保险不受此限。被保险人可以在合同订立时采取书面形式、口头形式或者其他形式同意并认可保险金额，也可以在合同订立后追认。甲订立保险合同时，应当经过乙同意并追认，事前同意与事后追认均可，选项 B、C 不当选。甲在订立保险合同时对其妻子乙享有保险利益，可以以其妻子为被保险人投保，不因为事后丧失保险利益导致保险合同无效，选项 A 不当选，选项 D 当选。

28.【答案】B

【解析】根据预算法律制度的规定，审查和批准县级决算草案的机关是县级人民代表大会常务委员会。

29.【答案】C

【解析】各级政府、各部门、各单位应当依照《预算法》规定，将政府收入全部列入预算，不得隐瞒、少列，选项 A 不当选。经国务院批准的省、自治区、直辖市的预算中必需的建设投资的部分资金，可以在国务院确定的限额内，通过发行地方政府债券举借债务的方式筹措。举借的债务应当有偿还计划和稳定的偿还资金来源，只能用于公益性资本支出，不得用于经常性支出，选项 B 不当选。各级一般公共预算应当按照本级一般公共预算支出额的 1% ~ 3% 设置预备费，用于当年预算执行中的自然灾害等突发事件处理增加的支出及其他难以预见的开支，而不是可以，选项 C 当选。各级一般公共预算按照国务院的规定可以设置预算周转金，用于本级政府调剂预算年度内季节性收支差额，选项 D 不当选。

30.【答案】D

【解析】选项A，采购信息媒体发布资格预审公告，公布投标人资格条件，资格预审公告的期限不得少于7个工作日。选项B，招标采购单位从评审合格投标人中通过随机方式选择3家以上的投标人，并向其发出投标邀请书。选项C，投标人应当在资格预审公告期结束之日起3个工作日前，按公告要求提交资格证明文件。

二、多项选择题

1.【答案】ABCD

【解析】本题四个选项均正确。

2.【答案】ACD

【解析】行政复议期间具体行政行为不停止执行。但是，有下列情形之一的，可以停止执行：（1）被申请人认为需要停止执行的；（2）行政复议机关认为需要停止执行的；（3）申请人申请停止执行，行政复议机关认为其要求合理，决定停止执行的；（4）法律规定停止执行的。

3.【答案】ABCD

【解析】本题考查股东缴纳出资。股东以货币出资的，应当将货币出资足额存入有限责任公司在银行开设的账户；以非货币财产出资的，应当依法办理其财产权的转移手续。对于股东不按照规定缴纳出资的，《公司法》规定，除该股东应当向公司足额缴纳外，还应当对给公司造成的损失承担赔偿责任。

4.【答案】BD

【解析】有限责任公司的临时股东会会议应由代表1/10以上表决权的股东，1/3以上的董事或者监事会提议召开，选项A错误。董事、监事任期每届为3年，连选可以连任，选项B正确，选项C错误。职工人数300人以上的有限责任公司，除依法设监事会并有公司职工代表的外，其董事会成员中应当有公司职工代表，选项D正确。

5.【答案】ABC

【解析】合伙人可以用货币、实物、知识产权、土地使用权或者其他财产权利出资，普通合伙人也可以用劳务出资。

6.【答案】ABD

【解析】（1）选项A，委托一个或者数个合伙人执行合伙事务的，其他合伙人不再执行合伙事务，但不执行合伙事务的合伙人有权监督执行事务合伙人执行合伙事务的情况。（2）选项B，合伙人有权查阅合伙企业会计账簿等财务资料。（3）选项C，除合伙协议另有约定外，应当经全体合伙人一致同意。（4）选项D，由一个或者数个合伙人执行合伙事务的，执行事务的合伙人应当定期向其他合伙人报告事务执行情况以及合伙企业的经营和财务状况。

7.【答案】ABC

【解析】非基于法律行为的物权变动包括：（1）因法律文书或者征收决定等而发生不动产物权变动。（2）因继承而发生不动产物权变动。（3）因合法建造、拆除房屋等事实行为而发生不动产物权变动。选项 A、B、C 正确。

8.【答案】ABD

【解析】无权占有不动产或者动产的，权利人可以请求返还原物。选项 A，丙虽基于借用合同占有古琴，但不得对抗所有权人甲，甲有权请求其返还古琴。选项 B，丁基于赠与而占有，不构成善意取得，故甲有权请求其返还油画。选项 C，乙将电脑出质于戊是无权处分，但戊受领交付后可善意取得动产质权，并可以对抗所有权人甲，甲不能请求其返还电脑。选项 D，乙擅自将保管物出借或赠与他人，违反了保管合同约定，应当承担违约责任，故该项正确。

9.【答案】BCD

【解析】留置权是指债务人不履行到期债务，债权人可以留置已经合法占有的债务人的动产，并有权就该动产优先受偿的担保权利。选项 B、C，不属于合法占有的动产；选项 D，债权未到期，不享有留置权。

10.【答案】BCD

【解析】选项 A 中说"即将到达约定的交付地点"，说明合同有约定交付地点，没有运抵交货地点前由出卖人承担标的物风险，选项 A 错误。当事人没有约定交付地点或者约定不明确，标的物需要运输的，出卖人将标的物交付给第一承运人后，标的物毁损、灭失的风险由买受人承担，选项 B 正确；出卖人按照约定将标的物置于交付地点，买受人违反约定没有收取的，标的物毁损、灭失的风险自违反约定之日起由买受人承担，选项 C 正确；标的物提存后，风险由债权人承担，选项 D 正确。

11.【答案】ACD

【解析】选项 B，债权人行使撤销权所支付的律师费、差旅费等必要费用，由债务人承担。

12.【答案】ABC

【解析】选项 A、C，票据上有伪造签章的，不影响票据上其他真实签章的效力，在票据上真实签章的当事人（甲公司、丙银行），仍应对被伪造票据的权利人承担票据责任；选项 B，持票人即使是善意取得，对被伪造人（乙公司）也不能行使票据权利；选项 D，由于伪造人（王某）没有以自己的名义在票据上签章，不承担票据责任。

13.【答案】AD

【解析】以被保险人死亡为给付保险金条件的合同，自合同成立之日起 2 年内，被保险人自杀的，保险人不承担给付保险金的责任，但被保险人自杀时为无民事行为能力人的除外。保险人依照规定不承担给付保险金责任的，应当按照合同约定退还保险单的现金价值。本题中，赵某购买保险的时间为 2023 年 10 月，被保险人小赵自杀的时间为 2024 年 4 月，不满 2 年，且小赵自杀时为完全民事行为能力人，因此保险公司不承担给付保险金责任但应退还保险单的现金价值。

14.【答案】ABCD

【解析】预算包括一般公共预算收支、政府性基金预算收支、国有资本经营预算收支、社会保险基金预算收支。

15.【答案】ABCD

【解析】在招标采购中，出现下列情形之一的，应予废标：（1）符合专业条件的供应商或者对招标文件作实质响应的供应商不足 3 家的；（2）出现影响采购公正的违法、违规行为的；（3）投标人的报价均超过了采购预算，采购人不能支付的；（4）因重大事故，采购任务取消的。以上四项均符合规定。

三、判断题

1.【答案】×

【解析】仲裁裁决被人民法院依法裁定撤销或不予执行的，当事人可以重新达成仲裁协议申请仲裁，也可以向人民法院起诉。

2.【答案】×

【解析】2024 年 6 月 30 日前登记设立的公司，有限责任公司剩余认缴出资期限自 2027 年 7 月 1 日起超过 5 年的，应当在 2027 年 6 月 30 日前将其剩余认缴出资期限调整至 5 年内并记载于公司章程，股东应当在调整后的认缴出资期限内足额缴纳认缴的出资额。

3.【答案】√

【解析】本题表述正确。

4.【答案】×

【解析】由一个或者数个合伙人执行合伙事务的，执行事务合伙人应当定期向其他合伙人报告事务执行情况以及合伙企业的经营和财务状况，其执行合伙事务所产生的收益归合伙企业，所产生的费用和亏损由合伙企业承担。

5.【答案】×

【解析】本题考查担保物权实现先后顺序。同一财产既设立抵押权又设立质权的，拍卖、变卖该财产所得的价款按照登记、交付的时间先后确定清偿顺序。本题所述错误。

6.【答案】×

【解析】合同生效后，当事人就质量、价款或者报酬、履行地点等内容没有约定或者约定不明确的，可以协议补充；不能达成补充协议的，按照合同相关条款或者交易习惯确定。

7.【答案】√

【解析】本题表述正确。

8.【答案】×

【解析】票据到期日，即付款日期，是电子商业汇票的绝对记载事项。

9.【答案】×

【解析】个人保险代理人在代为办理人寿保险业务时，不得同时接受两个以上保险人的委托。

10.【答案】√

【解析】各部门及其所属单位应当按照国家规定设置行政事业性国有资产台账，依照国家统一的会计制度进行会计核算，不得形成账外资产。本题表述正确。

四、简答题

1. 【答案】

（1）甲公司董事会无权作出融资担保决议。

根据规定，上市公司在 1 年内购买、出售重大资产或者向他人提供的金额超过公司资产总额 30% 的，应当由股东会作出决议，并经出席会议的股东所持表决权的 2/3 以上通过。在题述情况下，甲公司对外担保金额 5 000 万元超过了资产总额的 30%，该事项应由股东会审议批准。

（2）甲公司不能聘任李某担任独立董事。

根据规定，在直接或者间接持有上市公司已发行股份 5% 以上的股东单位或者在上市公司前 5 名股东单位任职的人员，不得担任该上市公司的独立董事。在题述情况下，丙公司为甲公司第三大股东，而刘某在丙公司任职，不得担任甲公司的独立董事。

（3）不合法。

根据规定，上市公司董事与董事会会议决议事项所涉及的企业有关联关系的，不得对该项决议行使表决权，也不得代理其他董事行使表决权。如果出席董事会的无关联关系董事人数不足 3 人的，应将该事项提交上市公司股东会审议。在题述情况下，待议事项与丁公司直接相关，丁公司派出的 3 名董事应回避表决；回避后，出席董事会的无关联关系董事仅为 2 人，不足 3 人，该事项应提交股东会审议。

2. 【答案】

（1）乙公司在 2024 年 5 月 20 日取得抵押权。

根据规定，动产抵押，抵押权自抵押合同生效时设立；未经登记，不得对抗善意第三人。

（2）钱某无权要求赵某交还房屋。

根据规定，抵押权设立前，抵押财产已经出租并转移占有的，原租赁关系不受该抵押权的影响。

（3）戊银行有权主张就拍卖价款优先于丁银行受偿。

根据规定，同一财产向两个以上债权人抵押的，抵押权已登记的，按照登记的时间先后确定清偿顺序。

3. 【答案】

（1）A 公司首次发行上市后，其股本结构中社会公众股的占股本总额的比例符合法律规定。

根据规定，发行人公开发行的股份达到公司股份总数的 25% 以上，公司股本总额超过人民币 4 亿元的，公开发行股份的比例为 10% 以上。A 公司首次发行上市后，其股本结构中社会公众股 5 000 万股，占股本总额 13 200 万股的 25% 以上，符合法律规定。

（2）A 公司的增发新股方案存在以下法律问题：①A 公司不应在公告公开发行募集文件前发行股票；②A 公司不应私自将拟发行股票总额的 20% 卖给战略投资者，而应通过证券公司承销。③代销期限为 100 天是错误的。根据规定，证券的代销、包销期限最长不得超过 90 日。

五、综合题

【答案】

（1）丁公司出资方式不合法。

依据规定，股东不得以劳务、信用、自然人姓名、商誉、特许经营权、非法的财产以及设定担保的财产等作价出资，题述丙公司以 50 万元特许经营权出资不合法。

（2）丁公司设 1 名董事和 1 名监事合法。

依据规定，股东人数较少或者规模较小的有限责任公司，可以设 1 名董事、1 名监事，不设立董事会、监事会。

（3）丁公司股东会作出解散公司的决议合法。

依据规定，公司解散属于股东会的特别决议事项，必须经代表 2/3 以上表决权的股东通过。有限责任公司的股东按照出资比例行使表决权，公司章程另有规定的除外。在题述情况下，丁公司章程规定股东按照 1∶1∶1∶1 行使表决权，该规定合法；此外，丁公司章程并未对其股东出资及表决权事项作其他规定。在此基础上，由于甲公司、乙公司和陈某赞成解散公司，其代表表决权的比例达到 3/4，超过 2/3，丁公司股东会作出解散公司的决议合法。

（4）甲公司拒绝补足房屋贬值 20 万元合法。

依据规定，出资人以符合法定条件的非货币财产出资后，因市场变化或者其他客观因素导致出资财产贬值，公司、其他股东或者公司债权人请求该出资人承担补足出资责任的，人民法院不予支持，但是，当事人另有约定的除外。在题述情况下，当事人之间未有其他约定，甲公司已经按照公司章程规定实际缴纳出资，其用于出资的房产是在出资后因为市场行情变化发生贬值，因此，甲公司无须补足贬值部分。

（5）乙公司应当向丁公司补足差额，其他股东在出资不足的范围内承担连带责任。

依据规定，有限责任公司成立时，股东实际出资的非货币财产的实际价额显著低于所认缴的出资额，应当由交付该出资的股东补足其差额，公司设立时的其他股东与该股东在出资不足的范围内承担连带责任。在题述情况下，乙公司出资不足，对丁公司应补足出资。此外，丁公司其他股东应就乙公司出资不足的情况对外承担连带责任。

2025 年度中级会计资格
《经济法》全真模拟试题（七）
答案速查、参考答案及解析

答案速查

一、单项选择题

1. B	2. B	3. D	4. C	5. B
6. D	7. C	8. A	9. C	10. D
11. D	12. A	13. A	14. C	15. C
16. D	17. D	18. C	19. A	20. C
21. C	22. A	23. C	24. B	25. C
26. B	27. D	28. B	29. B	30. B

二、多项选择题

1. AD	2. ABCD	3. BCD	4. ACD	5. ABC
6. AB	7. ABD	8. AD	9. BCD	10. ABCD
11. CD	12. CD	13. ABCD	14. ABCD	15. ACD

三、判断题

1. ×	2. ×	3. √	4. ×	5. ×
6. ×	7. ×	8. ×	9. √	10. ×

参考答案及解析

一、单项选择题

1.【答案】B

【解析】选项 A 属于刑法，选项 C、D 属于诉讼与非诉讼程序法。

2.【答案】B

【解析】选项 B，当事人对已经发生法律效力的判决、裁定，认为有错误的，可以向上一级人民法院申请再审；当事人一方人数众多或者当事人双方均为公民的案件，也可以向原审人民法院申请再审。

3.【答案】D

【解析】有下列情形之一的，委托代理终止：（1）代理期间届满或者代理事务完成；（2）被代理人取消委托或者代理人辞去委托；（3）代理人丧失民事行为能力；（4）代理人或者被代理人死亡；（5）作为代理人或者被代理人的法人、非法人组织终止。选项 D 是法定代理终止的法定情形之一。

4.【答案】C

【解析】申请执行人超过申请执行时效期间向人民法院申请强制执行的，人民法院应予受理。

5.【答案】B

【解析】对海关、金融、外汇管理等实行垂直领导的行政机关、税务和国家安全机关的行政行为不服的，向上一级主管部门申请行政复议。

6.【答案】D

【解析】（1）根据《行政复议法》的规定，下列情形均适用行政复议前置：①对当场作出的行政处罚决定不服的（选项 A）；②对行政机关作出的侵犯其已经依法取得的自然资源的所有权或者使用权的决定不服的；③认为行政机关未依法履行法定职责的；④申请政府信息公开，行政机关不予公开的（选项 B）；⑤法律、行政法规规定应当先向行政复议机关申请行政复议的其他情形（如纳税争议案件）。（2）选项 C 属于纳税争议案件（或称对征税行为不服的案件），适用复议前置，而选项 D 属于对一般行政处罚不服的案件，适用或议或诉。

7.【答案】C

【解析】本题考查股东未尽出资义务的认定。出资人以符合法定条件的非货币财产出资后，因市场变化或者其他客观因素导致出资财产贬值，公司、其他股东或者公司债权人请求该出资人承担补足出资责任的，人民法院不予支持。但是，当事人另有约定的除外。

8.【答案】A

【解析】选项 A，股东人数较少或者规模较小的有限责任公司，可以设 1 名监事，不设立监事会。选项 B，监事会主席由全体监事过半数选举产生。选项 C，董事、高级管理人员不得兼任监事。选项 D，监事的任期每届为 3 年。

9. 【答案】C

【解析】公司经营管理发生严重困难，继续存续会使股东利益受到重大损失，通过其他途径不能解决的，持有公司全部股东表决权 10% 以上的股东，可以请求人民法院解散公司。

10. 【答案】D

【解析】合伙企业出资评估可自行协商，选项 A 表述正确。合伙事务执行人应当报告经营状况，其他合伙人不再执行合伙事务，选项 B 表述正确。合伙协议未约定或者约定不明确的，实行合伙人一人一票并经全体合伙人过半数通过的表决办法，选项 C 表述正确。合伙企业注销后，原普通合伙人对合伙企业存续期间的债务仍应承担无限连带责任，选项 D 表述错误。

11. 【答案】D

【解析】合伙企业有下列情形之一的，应当解散：（1）合伙期限届满，合伙人决定不再经营（选项 D）；（2）合伙协议约定的解散事由出现；（3）全体合伙人决定解散；（4）合伙人已不具备法定人数满 30 天；（5）合伙协议约定的合伙目的已经实现或者无法实现；（6）依法被吊销营业执照、责令关闭或者被撤销；（7）法律、行政法规规定的其他原因。

12. 【答案】A

【解析】本题考查抵押财产。下列财产不得抵押：（1）土地所有权。（2）宅基地、自留地、自留山等集体所有的土地使用权，但法律规定可以抵押的除外。（3）学校、幼儿园、医院等为公益目的成立的非营利法人的教育设施、医疗卫生设施和其他公益设施。（4）所有权、使用权不明或者有争议的财产。（5）依法被查封、扣押、监管的财产。（6）法律、行政法规规定不得抵押的其他财产。选项 A 正确。

13. 【答案】A

【解析】质押合同自成立时生效，质权自出质人交付质押财产时设立，选项 A 正确，选项 B 错误。质权人有权收取孳息，作为质押标的，但不取得孳息的所有权，选项 C、D 错误。

14. 【答案】C

【解析】抵押权人实现最高额抵押时，如果实际发生的债权余额高于最高限额的，以最高限额为限（本题为 100 万元），超过部分不具有优先受偿的效力。

15. 【答案】C

【解析】本题考核占有的分类。选项 A 表述正确：恶意占有，是指占有人对物知其无占有的法律依据，或对于是否有权占有虽有怀疑而仍为占有；赵某属于无权占有中的恶意占有。选项 B 表述正确：间接占有，是指自己不直接占有其物，基于一定法律关系而对事实上占有其物之人有返还请求权，因而对其物有间接控制力，如出质人、出租人等基于一定法律关系对物的占有。选项 C 表述错误：自主占有，是指以所有的意思而为占有，题目中林某是小汽车的承租人，属于他主占有，而非自主占有。选项 D 表述正确：有权占有，是指基于法律依据而为的占有，主要指基于各种物权或债权的占有。钱某是基于质权关系而占有，是有权占有。

16. 【答案】D

【解析】根据规定，与当事人之间订立有关设立、变更、转让和消灭不动产物权的合同，除法律另有规定或者合同另有约定外，自合同成立时生效；未办理物权登记的，不影响合同的效力。我国不动产物权转让采用的是登记生效主义，没有办理所有权变动的登记，所有权就不能转移。本题中，甲、乙双方签订合同的时间是 2024 年 12 月 1 日，合同自签订之日起生效，但是所有权自 2024 年 12 月 20 日办理过户手续的当天发生转移。

17. 【答案】D

【解析】选项 A，债权人可以以自己的名义行使债权人代位权，但该权利专属于债务人自身的除外。选项 B，债权人代位权的行使不需要债务人同意。选项 C，在债权人代位权诉讼中，债权人胜诉的，诉讼费用由次债务人负担；债权人行使代位权的其他必要费用，由债务人负担。

18. 【答案】C

【解析】(1) 债权人依法转让权利无须债务人同意，因此，赵某未经张某的同意将价款债权转让给丁某是有效的；(2) 债权转让通知债务人后对债务人生效，赵某已经通知张某，债权转让对张某生效，张某应当向新的债权人丁某付款。

19. 【答案】A

【解析】代位权的行使范围以债权人的到期债权为限。债权人行使代位权的请求数额不能超过债务人所负债务的数额，否则对超出部分人民法院不予支持，选项 A 正确，选项 B 错误。在代位权诉讼中，债权人胜诉的，诉讼费由次债务人负担，从实现的债权中优先支付，选项 C 错误。债权人向次债务人提起的代位权诉讼经人民法院审理后认定代位权成立的，由次债务人向"债权人"履行清偿义务，选项 D 错误。

20. 【答案】C

【解析】主合同有效而第三人提供的担保合同无效：(1) 债权人与担保人均有过错的，担保人承担的赔偿责任不应超过债务人不能清偿部分的1/2；(2) 担保人有过错而债权人无过错的，担保人对债务人不能清偿的部分承担赔偿责任；(3) 债权人有过错而担保人无过错的，担保人不承担赔偿责任。

21. 【答案】C

【解析】根据规定，只有不可抗力致使合同目的不能实现时，当事人才可以解除合同（选项 A）。商品房买卖合同的出卖人迟延交付房屋，经催告后在 3 个月的合理期限内仍未履行，买受人可以请求解除合同（选项 B）。房屋承租人未经出租人同意转租的，出租人可以解除合同（选项 C）。当事人约定出卖人保留合同标的物的所有权，在标的物所有权转移前，买受人将标的物出卖、出质或者作出其他不当处分，造成出卖人损害的，除当事人另有约定外，出卖人有权取回标的物（选项 D）。

22.【答案】A

【解析】标的物提存后，毁损、灭失的风险由债权人承担，选项 A 正确。

23.【答案】C

【解析】选项 C，因债权转让增加的履行费用，由让与人负担。

24.【答案】B

【解析】出票人在票据上的签章不符合规定的，票据无效，选项 B 当选。承兑人、保证人在票据上的签章不符合规定的，或者无民事行为能力人、限制民事行为能力人在票据上签章的，其签章无效，但不影响其他符合规定签章的效力，选项 A、C 不当选。背书人在票据上的签章不符合规定的，其签章无效，但不影响其前手符合规定签章的效力，选项 D 不当选。

25.【答案】C

【解析】选项 A，是操纵证券市场行为。选项 B，是虚假陈述行为。选项 D，是内幕交易行为。

26.【答案】B

【解析】根据保险合同中的保险价值是否先予确定为标准，可将保险合同分为定值保险合同和不定值保险合同。

27.【答案】D

【解析】我国《保险法》第四十二条规定，被保险人死亡后，有下列情形之一的，保险金作为被保险人的遗产，由保险人依照《民法典》的规定履行给付保险金的义务：（1）没有指定受益人，或者受益人指定不明无法确定的。（2）受益人先于被保险人死亡，没有其他受益人的。（3）受益人依法丧失受益权或者放弃受益权，没有其他受益人的。受益人与被保险人在同一事件中死亡，且不能确定死亡先后顺序的，推定受益人死亡在先。选项 D，被保险人死亡在先，保险公司应当向受益人支付保险金。

28.【答案】B

【解析】选项 B，中央预算的调整方案应当提请全国人民代表大会常务委员会审查和批准；县级以上地方各级预算的调整方案应当提请本级人民代表大会常务委员会审查和批准；乡、民族乡、镇预算的调整方案应当提请本级人民代表大会审查和批准。

29.【答案】B

【解析】履行出资人职责的机构向国有资本控股公司、国有资本参股公司的股东会、股东大会提出董事、监事人选。

30.【答案】B

【解析】本题考查以不合理的条件对供应商实行差别待遇或者歧视待遇的情形。选项 A、C、D 表述均属于此类情形。供应商参加政府采购活动应当具备下列法定条件：（1）具有独立承担民事责任的能力；（2）具有良好的商业信用和健全的财务会计制度；（3）具有履行合同所必需的设备和专业技术能力；（4）有依法缴纳税收和社会保障资金的良好记录；（5）参与政府采购活动前 3 年内，在经营活动中没有重大违法记录

（选项 B 当选）；（6）法律、行政法规规定的其他条件。

二、多项选择题

1. 【答案】AD

【解析】选项 B，仲裁员有下列情形之一的必须回避，当事人也有权提出回避申请：（1）是本案当事人或者当事人、代理人近亲属；（2）与本案有利害关系；（3）与本案当事人、代理人有其他关系，也许影响公正仲裁；（4）私自会见当事人、代理人，或者接受当事人、代理人请客送礼。选项 C，仲裁庭认为有必要收集证据的可以自行收集。

2. 【答案】ABCD

【解析】合同虽然不违反法律、行政法规的强制性规定，但是有下列情形之一，人民法院应当依据"违背公序良俗的民事法律行为无效"的规定认定合同无效：（1）合同影响政治安全、经济安全、军事安全等国家安全的；（2）合同影响社会稳定、公平竞争秩序或者损害社会公共利益等违背社会公共秩序的；（3）合同背离社会公德、家庭伦理或者有损人格尊严等违背善良风俗的。

3. 【答案】BCD

【解析】选项 B，独立董事原则上最多在 5 家上市公司兼任独立董事；选项 C，上市公司董事会成员中应当至少包括1/3 独立董事；选项 D，上市公司独立董事享有特别职权，其中包括提议召开董事会。

4. 【答案】ACD

【解析】公司未成立的，其法律后果由公司设立时的股东承受；设立时的股东为 2 人以上的，享有连带债权，承担连带债务，选项 A 正确、选项 B 错误。有限责任公司设立时的股东为设立公司从事的民事活动，其法律后果由公司承担，选项 C 正确。设立时的股东因履行公司设立职责造成他人损害的，公司或者无过错的股东承担赔偿责任后，可以向有过错的股东追偿，选项 D 正确。

5. 【答案】ABC

【解析】合伙企业的亏损分担，按照合伙协议的约定办理；合伙协议未约定或者约定不明确的，由合伙人协商决定；协商不成的，由合伙人按照实缴出资比例分担；无法确定出资比例的，由合伙人平均分担。

6. 【答案】AB

【解析】本题考核担保物权的顺位。同一财产向两个以上债权人抵押的，抵押权已经登记的先于未登记的受偿；因此李某优先于吴某受偿，选项 B 正确、选项 C 错误。同一动产上已经设立抵押权或者质权，该动产又被留置的，留置权人优先受偿；因此王某优先于李某受偿，选项 A 正确、选项 D 错误。

7. 【答案】ABD

【解析】动产抵押不得对抗正常经营活动中已经支付合理价款并取得抵押财产的买受人，因此选项 C 错误。

8. 【答案】AD

【解析】选项 A、B，一般认为，转让价格达不到交易时交易地的指导价或者市场交易价 70% 的，一般可以视为明显不合理的低价。以明显不合理的低价转让财产或者以明显不合理的高价收购他人财产，不但要求有客观上对债权人造成损害的事实，还要求有受让人知道的主观要件，债权人才可以行使债权人撤销权。选项 C，债权人撤销权应当自债权人知道或者应当知道撤销事由之日起 1 年内行使。自债务人的行为发生之日起 5 年内没有行使撤销权的，该撤销权消灭。选项 D，债权人撤销权的行使范围以债权人的债权为限。

9.【答案】BCD

【解析】债权人转让权利无须经债务人同意，但应当通知债务人。未经通知，该转让对债务人不发生效力。债务人接到债权转让通知后，债务人对让与人的抗辩，可以向受让人主张。另外，因不可抗力致使不能实现合同目的，当事人可以解除合同。本题中，甲不能向乙交付名画，所以乙可以解除与其签订的合同。另外，乙可以抗辩甲，则债务人乙对让与人甲的抗辩，可以向受让人丙主张，因此乙可以拒绝丙的付款请求。所以只有选项 A 是正确的。

10.【答案】ABCD

【解析】本题四个选项的表述均正确。

11.【答案】CD

【解析】境内发行人申请首次发行股票上市，市值及财务指标应当至少符合下列标准中的一项：（1）最近 3 年净利润均为正，且最近 3 年净利润累计不低于 2 亿元，最近一年净利润不低于 1 亿元，最近 3 年经营活动产生的现金流量净额累计不低于 2 亿元或营业收入累计不低于 15 亿元；（2）预计市值不低于 50 亿元，且最近一年净利润为正，最近一年营业收入不低于 6 亿元，最近 3 年经营活动产生的现金流量净额累计不低于 2.5 亿元；（3）预计市值不低于 100 亿元，且最近一年净利润为正，最近一年营业收入不低于 10 亿元。

12.【答案】CD

【解析】投保人故意或者因重大过失未履行如实告知义务，足以影响保险人决定是否同意承保或者提高保险费率的，保险人有权解除合同。该合同解除权，自保险人知道有解除事由之日起，超过 30 日不行使而消灭。自合同成立之日起超过 2 年的，保险人不得解除合同；发生保险事故的，保险人应当承担赔偿或者给付保险金的责任。赵某的保险合同成立超过 2 年，保险人丧失解除权，应当承担责任。小赵的保险合同，保险公司在 7 月知道解除事由之日起 30 日内没有行使解除权，则解除权消灭，保险公司应当承担责任。

13.【答案】ABCD

【解析】县级以上各级人民代表大会常务委员会和乡、民族乡、镇人民代表大会对本级决算草案，重点审查下列内容：（1）预算收入情况；（2）支出政策实施情况和重点支出、重大投资项目资金的使用及绩效情况；（3）结转资金的使用情况；（4）资金结余情况；（5）本级预算调整及执行情况；（6）财政转移支付安排执行情况；（7）经批准举借债务的规模、结构、使用、偿还等情况；（8）本级预算周转金规模和使用情况；（9）本级预备费使用情况；（10）超收收入安排情况，预算稳定调节基金的规模和使用情况；（11）本级人民代表大会批准的预算决议落实情况；（12）其他与决算有关的重要情况。

14.【答案】ABCD

【解析】应当对行政事业性国有资产进行清查的情形：（1）根据本级政府部署要求；（2）发生重大资产调拨、划转以及单位分立、合并、改制、撤销、隶属关系改变等情形；（3）因自然灾害等不可抗力造成资产毁损、灭失；（4）会计信息严重失真；（5）国家统一的会计制度发生重大变更，涉及资产核算方法发生重要变化；（6）其他应当进行资产清查的情形。

15.【答案】ACD

【解析】选项 B，竞争性谈判的方式要求 3 家以上的供应商就采购事宜与供应商分别进行一对一的谈判，最后通过谈判结果来选择供应商的一种采购方式。

三、判断题

1.【答案】×

【解析】两个以上人民法院都有管辖权（共同管辖）的诉讼，原告可以向其中一个人民法院起诉；原告向两个以上有管辖权的人民法院起诉的，由"最先立案"的人民法院管辖。

2.【答案】×

【解析】适用特别程序、督促程序、公示催告程序和简易程序中的小额诉讼程序审理的案件，实行一审终审。

3.【答案】√

【解析】申请人可以委托中介机构或者其他自然人代其办理公司登记、备案。中介机构明知或者应当知道申请人提交虚假材料或者采取其他欺诈手段隐瞒重要事实进行公司登记，仍接受委托代为办理，或者协助其进行虚假登记的，由公司登记机关没收违法所得，处 10 万元以下的罚款。

4.【答案】×

【解析】有限合伙人参与决定普通合伙人入伙、退伙，不视为执行合伙事务。

5.【答案】×

【解析】本题考查占有的保护。占有人返还原物的请求权，自侵占发生之日起 1 年内未行使的，该请求权消灭，因此该题表述错误。

6.【答案】×

【解析】约定的违约金超过造成损失的30%的，人民法院一般可以认定为过分高于造成的损失。

7.【答案】×

【解析】借款人未按照约定的借款用途使用借款的，贷款人可以停止发放借款，提前收回借款或者解除合同。

8.【答案】×

【解析】支票限于见票即付，不得另行记载付款日期。另行记载付款日期的，该记载无效，而非支票本身无效。

9.【答案】√

【解析】题干表述正确。

10.【答案】×

【解析】招标采购单位应当在省级以上人民政府财政部门指定的政府采购信息媒体发布资格预审公告，公布投标人资格条件，资格预审公告的期限不得少于 7 个工作日。

四、简答题

1.【答案】

（1）董事李某的观点不合理。根据规定，单独或者合计持有公司1%以上股份的股东，可以在股东大会召开 10 日前提出临时提案并书面提交董事会。本题中赵某持股4%有权提出临时提案。

（2）股东会会议通过增加注册资本事项不合理。根据规定，增加公司注册资本属于特别决议，需要由出席会议所持表决权 2/3 以上的股东同意。本题中出席会议的股东持股 56%，同意的股东持股 30%，未达到 2/3 以上，不能通过。

（3）会议记录由出席会议的董事签字的做法合理。根据规定，股东大会应当对所议事项的决定作成会议记录，主持人、出席会议的董事应当在会议记录上签名。

2.【答案】

（1）甲公司于 1 月 1 日取得大巴车的所有权。

根据规定，动产物权的设立和转让，自交付时发生效力，但法律另有规定的除外。

（2）丁公司不能立即实现留置权。

根据规定，留置权人与债务人应当约定留置财产后的债务履行期间，没有约定或者约定不明确的，留置权人应当给债务人 60 日以上履行债务的期间，但鲜活易腐等不易保管的动产除外。

（3）丁公司优于乙公司优于丙公司。

根据规定，动产抵押担保的主债权是抵押物的价款，标的物交付后 10 内办理抵押登记的，该抵押权人优先于抵押物买受人的其他担保物权人受偿，但留置权人除外。

3.【答案】

（1）不具有票据法上的效力。

根据规定，背书不得附有条件，背书时附有条件的，所附条件不具有汇票上的效力。

（2）丙公司拒绝戊公司追索的理由成立。

根据规定，背书人（丙公司）在汇票上记载"不得转让"字样，其后手再背书转让的，原背书人对其后手的被背书人（戊公司）不承担保证责任。

（3）乙公司拒绝戊公司追索的理由不成立。

根据规定，票据债务人（乙公司）不得以自己与持票人的前手之间的抗辩事由，对抗持票人（戊公司）。但是，持票人明知存在抗辩事由而取得票据的除外。

五、综合题

【答案】

（1）丁公司的抗辩合法。根据规定，被担保的债权既有物的担保又有人的担保的，债务人不履行到期债务或者发生当事人约定的实现担保物权的情形，债权人应当按照约定实现债权；没有约定或者约定不明确，债务人自己提供物的担保的，债权人应当先就该物的担保实现债权。本题中，甲公司以自有设备向丙公司设定抵押，属于债务人自己提供物的担保的情形，债权人应当先就该物的担保实现债权。

（2）赵某转让股份给李某的行为不符合法律规定。根据规定，公司公开发行股份前已发行的股份，自公司股票在证券交易所上市交易之日起 1 年内不得转让。2024 年 5 月未超过上述时间限制，故转让股份不符合法律规定。

（3）甲公司拟与侯某、张某共同出资设立普通合伙企业不符合法律规定。根据规定，国有独资公司、国有企业、上市公司以及公益性的事业单位、社会团体不得成为普通合伙人。普通合伙企业由普通合伙人组成，甲公司是上市公司，不得成为普通合伙人，因此不能出资设立普通合伙企业。

（4）孙某取得了房屋所有权。根据规定，无处分权人将不动产或者动产转让给受让人的，所有权人有权追回；除法律另有规定外，符合下列情形的，受让人取得该不动产或者动产的所有权：①受让人受让该不动产或者动产时是善意的；②以合理的价格转让；③转让的不动产或者动产依照法律规定应当登记的已经登记，不需要登记的已经交付给受让人。本题中，戊公司出售房屋属于无权处分，但孙某是善意不知情的，符合善意取得的构成要件。因此孙某善意取得房屋所有权。

（5）保险公司拒绝承担保险责任符合法律规定。根据规定，以被保险人死亡为给付保险金条件的合同，自合同成立或者合同效力恢复之日起 2 年内，被保险人自杀的，保险人不承担给付保险金的责任，但被保险人自杀时为无民事行为能力人的除外。本题中，被保险人自杀时距离合同成立不足 1 年，因此保险人不承担给付保险金的责任。

（6）甲公司向被保险人钱某住所地人民法院提起诉讼符合法律规定。根据规定，因人身保险合同纠纷提起的诉讼，可以由被保险人住所地人民法院管辖。

2025 年度中级会计资格
《经济法》全真模拟试题（八）
答案速查、参考答案及解析

答案速查

一、单项选择题

1. B	2. C	3. B	4. C	5. D
6. A	7. B	8. C	9. B	10. C
11. A	12. B	13. C	14. C	15. A
16. A	17. C	18. C	19. C	20. B
21. D	22. D	23. A	24. D	25. A
26. C	27. D	28. B	29. D	30. C

二、多项选择题

1. BC	2. CD	3. ABD	4. BCD	5. ABC
6. ABC	7. AD	8. AC	9. ABC	10. ABC
11. ABC	12. CD	13. BCD	14. BCD	15. ABCD

三、判断题

1. √	2. ×	3. √	4. ×	5. ×
6. ×	7. ×	8. ×	9. ×	10. ×

参考答案及解析

一、单项选择题

1.【答案】B

【解析】选项 A，刑法是保证其他法律有效实施的后盾。选项 C，一个国家的法律体系是由现行国内法组成的，不包含国际法。选项 D，行政法部门是调整行政关系的法律规范的集合，这些规范从法律渊源上来讲，可以来源于法律、行政法规、地方性法规等。

2.【答案】C

【解析】本题考查民事法律行为界定。法律行为以意思表示为核心，"合同""决议"等属于民事法律行为，崔某向陈某出售二手手机，此为买卖合同，属于民事法律行为，选项 C 正确。选项 A 所述情况属于事实行为，无须金某的意思表示，只要金某完成了砸碎花瓶的动作，其法律后果即由法律直接规定，不属于民事法律行为；选项 B、D 所述发生后不会引起法律关系变动，不属于民事法律行为。

3.【答案】B

【解析】（1）选项 A：涉及国家利益、社会公共利益的案件，不得独任审理。（2）选项 C：在特别程序审理的案件中，选民资格案件及重大、疑难的案件不得独任审理。（3）选项 D：在公示催告程序中，公示催告阶段审理的民事案件，由审判员一人独任审理；除权判决阶段审理的民事案件，应组成合议庭审理。

4.【答案】C

【解析】选项 C，属于内部行政行为，不能申请行政复议，也不能提起行政诉讼。

5.【答案】D

【解析】中级人民法院管辖下列第一审行政案件：（1）对国务院各部门或者县级以上地方人民政府所作的行政行为提起诉讼的案件；（2）海关处理的案件；（3）本辖区内重大、复杂的案件；（4）其他法律规定由中级人民法院管辖的案件。选项 A 不涉及行政行为，属于平等主体之间的纠纷，可以提起民事诉讼。选项 B，不得提起行政诉讼。选项 C，应由基层人民法院管辖。

6.【答案】A

【解析】担任破产清算的公司、企业的董事或者厂长、经理，对该公司、企业的破产负有个人责任的，自该公司、企业破产清算完毕之日起未逾 3 年的，不得担任董事、监事、高级管理人员，故选项 B 错误；个人因所负数额较大债务到期未清偿被人民法院列为失信被执行人，不得担任董事、监事、高级管理人员，故选项 C 错误；因贪污、贿赂、侵占财产、挪用财产或者破坏社会主义经济秩序，被判处刑罚，执行期满未逾 5 年，或者因犯罪被剥夺政治权利，执行期满未逾 5 年，被宣告缓刑的，自缓刑考验期满之日起未逾 2 年，不得担任董事、监事、高级管理人员，故选项 D 错误。

7.【答案】B

【解析】本题考查公积金。公司公积金应当按照规定的用途使用，公司的公积金主要有以下用途：（1）弥补公司亏损（选项C）；（2）扩大公司生产经营（选项D）；（3）转为增加公司注册资本（选项A）。

8.【答案】C

【解析】本题考查有权提起股东代表诉讼的股东资格。对于有限责任公司来说，任意股东都可以；但对于股份有限公司来说有两个条件：（1）连续持股时间180日以上；（2）持股比例1%以上（单独或者合计）。

9.【答案】B

【解析】被除名人自接到除名通知之日起，除名生效，被除名人退伙。被除名人对除名决议有异议的，可以在接到除名通知之日起30日内，向人民法院起诉。

10.【答案】C

【解析】先成立的动产抵押权若未登记，其效力劣后于成立在后但已登记的抵押权。

11.【答案】A

【解析】权利人、利害关系人认为不动产登记簿记载的事项错误的，可以申请更正登记。不动产登记簿记载的权利人不同意更正的，利害关系人可以申请异议登记。本题中，刘某与张某约定房屋登记在张某名下，由刘某使用房屋并保存产权证，约定本身并不违反法律和行政法规的强制性规定，因此合法有效。刘某可以申请更正登记（选项A），若张某不同意更正，刘某可向登记机构申请异议登记（选项B）。选项C、D，刘某可向人民法院起诉确认其为所有权人，刘某一旦胜诉，即人民法院判决确认其为不动产的真正权利人，登记机构可依据生效的判决文书或协助执行通知书进行更正登记。

12.【答案】B

【解析】动产物权的设立和转让，自交付时发生效力，但法律另有规定的除外。

13.【答案】C

【解析】动产质押中，质押合同自成立时生效，质权自出质人交付质押财产时设立。以股票出质的，质权自登记时设立。

14.【答案】C

【解析】同一动产上已设立抵押权或者质权，该动产又被留置的，留置权人优先受偿。同一财产既设立抵押权又设立质权的，拍卖、变卖该财产所得的价款按照登记、交付的时间先后确定清偿顺序。

15.【答案】A

【解析】本题考查要约撤销。要约不可撤销的情形具体包括：（1）要约人以确定承诺期限或者其他形式明示要约不可撤销。(2）受要约人有理由认为要约是不可撤销的，并已经为履行合同做了合理准备工作。本题中，要约人甲公司于5月1日发出的要约确定了承诺期限（要求乙公司1个月内作出答复），因此该要约不得撤销。

16.【答案】A

【解析】（1）对于第三人欺诈，只有相对人"知道或者应当知道"时才可以撤销；

对于第三人胁迫，无论相对人是否"知道或者应当知道"，均可以撤销；（2）只有受胁迫方（乙）才享有撤销权，甲没有撤销权。

17.【答案】C

【解析】融资租赁期间，租赁物所有权归出租人。

18.【答案】C

【解析】有下列情形之一的，该格式条款无效：（1）提供格式条款一方不合理地免除或者减轻其责任、加重对方责任、限制对方主要权利。（2）提供格式条款一方排除对方主要权利。（3）格式条款具有《民法典》规定的法律行为无效情形，包括使用格式条款与无民事行为能力人订立合同；行为人与相对人以虚假的意思表示订立合同；恶意串通，损害他人合法权益的合同；违反法律、行政法规的强制性规定或违背公序良俗的合同等。（4）格式条款具有《民法典》规定的免责条款无效情形，包括造成对方人身损害的免责格式条款；因故意或者重大过失造成对方财产损失的免责格式条款。选项 A、B、D 不当选。对格式条款有两种以上解释的，应当作出不利于提供格式条款一方的解释，但该格式条款是有效的。选项 C 当选。

19.【答案】C

【解析】当事人约定检验期间的，买受人应当在检验期间内将标的物的数量或者质量不符合约定的情形通知出卖人。买受人怠于通知的，视为标的物的数量或者质量符合约定。当事人没有约定检验期限的，买受人应当在发现或者应当发现标的物的数量或者质量不符合约定的合理期限内通知出卖人。买受人在合理期限内未通知或者自收到标的物之日起 2 年内未通知出卖人的，视为标的物的数量或者质量符合约定，所以选项 C 正确。

20.【答案】B

【解析】有下列情形之一的，当事人可以解除合同：（1）因不可抗力致使不能实现合同目的。（2）预期违约。（3）当事人一方迟延履行主要债务，经催告后在合理期限内仍未履行。（4）当事人一方迟延履行债务或者有其他违约行为致使不能实现合同目的。这种情形中的迟延履行因致使合同目的不能实现，债权人可不经催告直接解除合同。（5）法律规定的其他情形。本题属于当事人一方迟延履行债务或者有其他违约行为致使不能实现合同目的的（根本违约）情形，可以不经催告单方面解除合同。

21.【答案】D

【解析】票据的变造应依照签章是在变造之前或之后来承担责任。如果当事人签章在变造之前，应按原记载的内容负责；如果当事人签章在变造之后，则应按变造后的记载内容负责；如果无法辨别是在票据被变造之前或之后签章的，视同在变造之前签章。本题中，甲、乙都是在变造之前签章，丙无法辨别变造前还是变造后，视同变造前签章，因此甲、乙、丙对变造之前的金额承担责任，丁是在变造后签章，对变造后的金额承担责任。

22.【答案】D

【解析】支票的提示付款期限为自出票日起 10 日内，选项 D 正确。本票提示付款期限自出票日起最长不超过 2 个月，选项 A 错误。对银行承兑汇票的出票人的票据权利时效为到期日起 2 年，选项 B 错误。对支票的出票人的票据权利时效为出票日起 6 个月，选项 C 错误。

23.【答案】A

【解析】选项 A，证券公司自证清白制度适用于与普通投资者的纠纷。根据规定，投资者分为普通投资者和专业投资者。普通投资者与证券公司发生纠纷的，证券公司应当证明其行为符合法律、行政法规以及国务院证券监督管理机构的规定，不存在误导、欺诈等情形。证券公司不能证明的，应当承担相应的赔偿责任。

24.【答案】D

【解析】收购人发出收购要约后不得撤销要约，选项 D 当选。收购要约期限届满前 15 日内，收购人不得变更收购要约，但是出现竞争要约的除外。收购要约的变更不得存在下列情形：（1）降低收购价格。（2）减少预定收购股份数额。（3）缩短收购期限。（4）国务院证券监督管理机构规定的其他情形。

25.【答案】A

【解析】被保险人在宽限期内发生保险事故的，保险人应当按照合同约定给付保险金，但可以扣减欠交的保险费，选项 A 正确。

26.【答案】C

【解析】乡、民族乡、镇人民代表大会对本级预算、决算进行监督。

27.【答案】D

【解析】国有资本经营预算支出按照当年预算收入规模安排，不列赤字，选项 A 正确。国务院和地方人民政府审计机关依法对国有资本经营预算的执行情况和属于审计监督对象的国家出资企业进行审计监督，选项 B 正确。企业国有资本经营预算按年度单独编制，纳入本级人民政府预算，报本级人民代表大会批准，选项 C 正确，选项 D 错误。

28.【答案】B

【解析】本题考查决算草案审查和批准。国务院财政部门编制中央决算草案，经国务院审计部门审计后，报国务院审定，由国务院提请全国人民代表大会常务委员会审查和批准，选项 B 正确。

29.【答案】D

【解析】应当先成立询价小组，询价小组根据采购需求，从符合条件的供应商名单中确定不少于 3 家的供应商。

30.【答案】C

【解析】采购代理机构与行政机关不得存在隶属关系。

二、多项选择题

1.【答案】BC

【解析】选项 A、D，民商法是规范民事、商事活动的法律规范的总和，所调整的是自然人、法人和其他组织之间以平等地位发生的各种社会关系（以下简称横向关系）。民法如《中华人民共和国民法典》；商法是适应商事活动的需要，从民法中分离出来的法律部门。商法调整商事主体之间的商事关系，遵循民法的基本原则，同时秉承保障商事交易自由、等价有偿、便捷安全等原则，包括《中华人民共和国公司法》《中华人民共和国合伙企业法》《中华人民共和国证券法》《中华人民共和国海商法》《中华人民共和国票据法》等法律。选项 B、C，经济法是调整因国家从社会整体利益出发对经济活动实行干预、管理或调控所产生的社会经济关系的法律规范的总和。《中华人民共和国预算法》《中华人民共和国森林法》属于经济法。

2.【答案】CD

【解析】选项 A，人民法院调解适用一审程序、二审程序与再审程序审理的民事案件。选项 B，人民法院调解是根据当事人自愿的原则进行调解。

3.【答案】ABD

【解析】选项 A 属于独立董事的职责；选项 B、D 属于独立董事的特别职权；选项 C，独立董事可以向董事会提议召开临时股东会，而不能直接提议召开临时股东会。

4.【答案】BCD

【解析】选项 A，公司董事、监事、高级管理人员离职后半年内不得转让其所持有的本公司股份。

5.【答案】ABC

【解析】公司应当在解散事由出现之日起 15 日内成立清算组，有下列情形之一的，债权人、公司股东、董事或其他利害关系人申请人民法院指定清算组进行清算的，人民法院应予受理：（1）公司解散逾期不成立清算组进行清算的；（2）虽然成立清算组但故意拖延清算的；（3）违法清算可能严重损害债权人或者股东利益的。

6.【答案】ABC

【解析】合伙企业对合伙人执行合伙事务以及对外代表合伙企业权利的限制，不得对抗善意第三人，因此合伙企业不得以其内部所作的在行使权利方面的限制为由，拒绝履行合伙企业应承担的责任，选项 D 错误。

7.【答案】AD

【解析】选项 B，合伙人在合伙企业清算前私自处分合伙企业财产的，合伙企业不得以此对抗善意第三人。选项 C，合伙企业的原始财产是全体合伙人认缴的财产。

8.【答案】AC

【解析】本题适用"正常买受人"规则。动产设立抵押权，自抵押合同生效时设立，登记产生对抗效力，是否登记不影响合同的生效和抵押权的设立，选项 B 错误，选项 A 正确。以动产抵押的，不得对抗正常经营活动中已经支付合理价款并取得抵押财产的买受人，选项 C 正确，选项 D 错误。

9.【答案】ABC

【解析】选项 A、B，马某将朋友付某托其保管的项链卖给陈某，属于无权处分，但陈某对此并不知情，属于善意买受人，陈某支付了合理的价款且已经取得项链的占有，所以，陈某可依善意取得制度取得项链的所有权；选项 C，侯某购买的是陈某的遗失物，陈某可以自知道侯某为买受人之日起 2 年内要求侯某返还项链；选项 D，遗失物通过转让被他人占有的，权利人有权向无处分权人请求损害赔偿，或者自知道或者应当知道受让人之日起 2 年内向受让人请求返还原物；但是，受让人通过拍卖或者向具有经营资格的经营者购得该遗失物的，权利人请求返还原物时应当支付受让人所付的费用。本题中，侯某并非"通过拍卖或者向具有经营资格的经营者购得"，故陈某无须向侯某支付受让人所付费用。

10.【答案】ABC

【解析】本题考核赠与合同的撤销。选项 A 中赠与物已经交付，选项 B、C 属于具有救灾、扶贫、助残等社会公益、道德义务性质的赠与合同或者经过公证的赠与合同，因此选项 A、B、C 不能任意撤销赠与。受赠人不履行赠与合同约定的义务，赠与人可以撤销赠与，故选项 D 不选。

11.【答案】ABC

【解析】出租人履行通知义务后，承租人在 15 日内未明确表示购买的，视为承租人放弃优先购买权。选项 D 错误。

12.【答案】CD

【解析】选项 A、B，适用付款地法律。

13.【答案】BCD

【解析】上市公司董事会、独立董事、持有 1% 以上有表决权股份的股东或者依照法律、行政法规或者国务院证券监督管理机构的规定设立的投资者保护机构，可以作为征集人，自行或者委托证券公司、证券服务机构，公开请求上市公司股东委托其代为出席股东大会，并代为行使提案权、表决权等股东权利。

14.【答案】BCD

【解析】本题考查预算批复、备案、执行、调整。中央预算由全国人民代表大会审查和批准，选项 A 错误，选项 B、C、D 均正确。

15.【答案】ABCD

【解析】本题考查政府采购。选项 A、B、C、D 均正确。

三、判断题

1.【答案】√

【解析】行为人没有代理权、超越代理权或者代理权终止后，仍然实施代理行为，相对人有理由相信行为人有代理权的，代理行为有效。

2.【答案】×

【解析】仲裁裁决作出后，当事人应当履行仲裁裁决，一方当事人不履行的，另一方当事人可以按照民事诉讼法的有关规定向人民法院申请执行，受理申请的人民法院应当执行。

3.【答案】√

【解析】根据规定，出资人以房屋、土地使用权或者需要办理权属登记的知识产权等财产出资，已经办理权属变更手续但未交付给公司使用的，公司或者其他股东主张其向公司交付，并在实际交付之前不享有相应股东权利的，人民法院应予支持。

4.【答案】×

【解析】特殊的普通合伙企业的合伙人在执业活动中非因故意或者重大过失造成的合伙企业债务以及合伙企业的其他债务，由全体合伙人承担无限连带责任。

5.【答案】×

【解析】作为合伙人的法人、其他组织执行合伙企业事务的，由其委派的代表执行。

6.【答案】×

【解析】担保财产毁损、灭失或者被征收等，担保物权人可就获得的保险金、赔偿金或者补偿金等优先受偿。

7.【答案】×

【解析】合同权利义务终止后，即合同消灭后，债权人应当将债权文书返还债务人。

8.【答案】×

【解析】无益记载事项是指行为人记载的不发生任何法律效力，被视为无记载的事项。

9.【答案】×

【解析】股票发行价格可以按票面金额，也可以超过票面金额，但不得低于票面金额。股票发行采取溢价发行的，其发行价格由发行人与承销的证券公司协商确定。

10.【答案】×

【解析】政府采购中的供应商是指向采购人提供货物、工程或服务的法人、其他组织或者自然人。

四、简答题

1.【答案】

（1）甲公司拒绝郭某查阅公司账簿符合规定。

根据公司法律制度的规定，有限责任公司的股东有权要求查阅公司会计账簿。公司有合理根据认为股东查阅会计账簿有不正当目的，可能损害公司合法利益的，可以拒绝提供查阅。"除公司章程另有规定或者全体股东另有约定的外，股东自营或者为他人经营与公司主营业务有实质性竞争关系业务"属于"不正当目的"的情形。

因此，本题中甲公司拒绝郭某查阅公司账簿符合规定。

（2）刘某无权提议召开临时股东会。

根据公司法律制度规定，代表 1/10 以上表决权的股东，1/3 以上的董事或者监事会提议召开临时会议的，应当召开临时会议。

本题中，刘某持股 5%，对应表决权不足 1/10，因此，刘某无权提议召开临时股东会。

（3）乐某无权请求公司收购其股权。

根据公司法律制度的规定，有限责任公司连续 5 年不向股东分配利润，而公司该 5

年连续盈利，并且符合公司法规定的分配利润条件的，对股东会该项决议投反对票的股东可以请求公司按照合理的价格收购其股权。

本题中，乐某在股东会决议中投赞成票，不能请求公司按照合理的价格收购其股权。

2.【答案】

（1）在事项（1）中，丙的主张不正确。根据《合伙企业法》的规定，有限合伙人的下列行为，不视为执行合伙事务：①参与决定普通合伙人入伙、退伙；②对企业的经营管理提出建议；③参与选择承办有限合伙企业审计业务的会计师事务所；④获取经审计的有限合伙企业财务会计报告；⑤对涉及自身利益的情况，查阅有限合伙企业财务会计账簿等财务资料；⑥在有限合伙企业中的利益受到侵害时，向有责任的合伙人主张权利或者提起诉讼；⑦执行事务合伙人怠于行使权利时，督促其行使权利或者为了本企业的利益以自己的名义提起诉讼；⑧依法为本企业提供担保。

（2）在事项（2）中，甲的主张符合法律规定。根据规定，第三人有理由相信有限合伙人为普通合伙人并与其交易的，该有限合伙人对该笔交易承担与普通合伙人同样的责任。

（3）在事项（3）中，甲、乙决定继续经营不合法。根据规定，有限合伙企业仅剩有限合伙人的，应当解散。

3.【答案】

（1）合同一无效。

根据规定，以死亡为给付保险金条件的合同，未经被保险人同意并认可保险金额的，合同无效。合同一是甲在乙不知情的情况下进行的投保，因此无效。

（2）合同二无效。

根据规定，人身保险的投保人在保险合同订立时，对被保险人应当具有保险利益。订立合同时，投保人对被保险人不具有保险利益的，合同无效。由于合同二订立时，甲、乙已经离婚，不具有保险利益，因此保险合同无效。

（3）A 保险公司的主张不能成立。

根据规定，如民事行为无效，行为人因该行为取得的财产应予以返还，不能返还或没有必要返还的应折价补偿。因此，A 保险公司应返还甲已经支付的两份合同的保费，共 20 万元。

五、综合题

【答案】

（1）甲企业在 2024 年 6 月 1 日办公楼建成时即取得所有权。

根据规定，因合法建造等事实行为设立物权的，自事实行为成就时发生效力。

（2）丙公司主张该免责条款不属于合同内容，不符合规定。

根据规定，保险人将法律、行政法规中的禁止性规定情形作为保险合同免责条款的免责事由，保险人对该条款作出提示后，投保人以保险人未履行明确说明义务为由主张该条款不成为合同内容的，人民法院不予支持。

（3）甲企业要求丙公司返还预付货款 50 万元、定金 20 万元并且支付 10% 的违约金的请求不符合规定。

根据规定，当事人既约定违约金，又约定定金的，一方违约时，对方可以选择适用违约金或者定金条款，但不能同时适用。

（4）甲企业与乙公司双方口头约定如果发生纠纷由仲裁机构仲裁不符合规定。

根据规定，仲裁协议应当以书面形式订立，口头达成仲裁的意思表示无效。

（5）钱某及王某的抗辩不成立。

钱某的抗辩不成立。根据规定，退伙的普通合伙人对基于其退伙前的原因发生的合伙企业债务，应当承担无限连带责任。王某的抗辩不成立。根据规定，新入伙的普通合伙人对入伙前合伙企业的债务承担无限连带责任。

（6）乙公司通过增加注册资本的决议不符合法律规定。

根据规定，修改公司章程、增加或者减少注册资本的决议，以及公司合并、分立、解散或者变更公司形式的决议，必须经代表 2/3 以上表决权的股东通过。本题中，60% 小于 2/3，因此该决议不能通过。